COLLECTION
FOLIO/THÉÂTRE

Marivaux

L'Épreuve

Édition présentée, établie et annotée par Henri Coulet
Professeur émérite à l'Université de Provence

Gallimard

Édition dérivée de la Bibliothèque de la Pléiade.

© Éditions Gallimard, 1994 et 2003.

PRÉFACE

L'Épreuve fut jouée pour la première fois par les comédiens du Nouveau Théâtre-Italien le 19 novembre 1740, et présentée en même temps à la censure en vue de l'édition : l'approbation, signée de Crébillon, est du 29 novembre[1]. *C'est une des pièces les plus célèbres de Marivaux, l'une des plus souvent jouées au* XVIIIe *siècle, avec* L'École des mères *et* La Surprise de l'amour[2], *et après* Le Jeu de l'amour et du hasard.

RÉSUMÉ

Lucidor, richissime fils d'un négociant parisien, était tombé malade dans le château qu'il venait d'acheter, et Angélique, la fille de la concierge du château, avait compati au sort du malade et était devenue amoureuse de lui, tandis que lui était « charmé » d'elle et avait projeté de

---

1. L'approbation est reproduite à la fin de l'édition originale, mais non le privilège.
2. Voir la statistique des représentations dans les ouvrages de Clarence Brenner et de Henri Lagrave signalés plus loin et dans l'appendice de l'édition du *Théâtre complet* de Marivaux, par Frédéric Deloffre et Françoise Rubellin (t. 2, p. 1025 *sqq.*) : voir la Bibliographie, p. 130.

l'épouser ; mais aucun des deux n'avait rien exprimé de ses sentiments. Voulant s'assurer qu'Angélique l'aime pour lui-même et non pour son argent, Lucidor a fait déguiser son valet Frontin en un riche personnage, qu'il présentera à Angélique comme un prétendant, pour voir si elle sacrifiera à la fortune un amour peut-être sans espoir. Le paysan Blaise a lui aussi des vues sur Angélique ; Lucidor lui offre douze mille livres à condition qu'il épouse une autre femme, par exemple Lisette, la « suivante » de Madame Argante (concierge du château), mais il l'encourage à faire la cour à Angélique, et à n'épouser Lisette qui si Angélique se refuse à lui. Angélique, préparée par Lucidor à la rencontre avec le riche prétendant, croit qu'il s'agit de Lucidor lui-même. Détrompée par l'arrivée de Frontin, elle est indignée, puis le dépit et l'humiliation lui font déclarer qu'elle aime quelqu'un, le fermier Blaise : Lucidor offre aussitôt vingt mille francs en faveur de ce mariage et sort pour obtenir l'accord de Mme Argante, pendant qu'Angélique assure à Blaise qu'elle ne l'épousera pas s'il accepte les vingt mille francs. À son retour, Lucidor trouve Angélique en larmes et répond à ses reproches en lui avouant qu'il l'aime et qu'il veut l'épouser. Mme Argante est ravie de la proposition, Frontin redevient Frontin, et Blaise épousera Lisette.

L'ACTION

Angélique entre à la scène 5 et reste présente jusqu'à la scène 11 ; elle est absente des scènes 12, 13 et 14 ; elle revient à la scène 15 et reste jusqu'au dénouement. La comédie s'articule ainsi en quatre parties :
— les scènes 1 à 4 : Lucidor explique son dessein à Frontin, puis fait entrer Blaise dans une intrigue qu'il ne comprend pas. Angélique va donc se trouver devant trois

prétendants, l'un mystificateur, l'autre vacillant, le troisième secret, qui va se jouer d'elle;

— les scènes 5 à 11 : Angélique écarte sans peine Blaise, s'imagine, sur les propos équivoques de Lucidor, qu'il est lui-même le riche prétendant qu'il lui a annoncé, et enfin, profondément blessée par la perte de ses illusions, elle accueille Frontin par un froid silence et se retire;

— les scènes 12, 13 et 14 : ce sont des scènes d'attente; Lisette pense reconnaître Frontin, Blaise vient préserver ses intérêts en ce qui concerne Lisette, Mme Argante ramène Frontin pour qu'il renouvelle sa tentative auprès d'Angélique;

— les scènes 15 à 22 : Angélique, de plus en plus dépitée, irritée, malheureuse, chasse Frontin, rabroue Lisette, s'emporte contre Lucidor, et, poussée à bout par les insinuations de Lisette et de Blaise, elle est tout près de haïr Lucidor et va s'enfuir sur un refus désemparé quand Lucidor amène le dénouement heureux.

Angélique a donc à subir deux assauts, dont chacun s'accompagne d'une mortification douloureuse : la première, quand elle découvre que Lucidor ne l'aime pas; la seconde, quand elle est accusée d'aimer Lucidor. Si Lucidor voulait être sûr qu'elle ne pourrait se raccrocher à rien quand elle verrait son amour interdit et humilié, il y a réussi par sa machination et avec l'aide volontaire ou involontaire de Blaise, de Frontin et de Lisette. Nous voyons Angélique passer de la gaieté à l'espoir, de l'espoir au rire, du rire à la certitude, puis de la certitude à la déception et à l'abattement, au dépit, à l'emportement, à la haine, au désespoir. Mais le piège est-il si bien monté, fonctionne-t-il selon un plan infaillible ? Tout n'est pas logique dans le déroulement de l'action, la tactique de Lucidor n'est pas toujours cohérente et Angélique a parfois déconcerté son persécuteur.

À suivre le fil des scènes, et cette impression est encore plus sensible au spectacle qu'à la lecture, il semble que les personnages agissent dans le désordre : Lucidor sort à la fin de la scène 3 pour aller « faire un tour dans la grande allée[1] *», sans doute pour y retrouver Angélique qui s'amusait à cueillir des fleurs dans le jardin, selon ce qu'a dit Lisette ; mais il ne l'y rencontre pas, puisqu'elle est seule quand elle entre à la scène 5 et que Lucidor lui demande depuis quand elle est là, à la scène 7 où il reparaît, revenu pour lui parler : ce jardin est-il aussi labyrinthique que celui du* Triomphe de l'amour, *dans les bosquets duquel on pouvait se dissimuler ? Lucidor ressort à la scène 8, pour aller demander le consentement de Mme Argante, mais il revient presque aussitôt, après la courte scène 9, pour introduire Frontin « qui arrivait » : mensonge, car Frontin attendait depuis « une heure ou deux » le moment de paraître, selon les instructions de Lucidor à la scène 1. La démarche auprès de Mme Argante n'était peut-être qu'un prétexte pour aller chercher Frontin, ou bien Frontin était-il réellement revenu de son auberge au moment où Lucidor sortait ? Le hasard ne perturbe pas trop ici le plan de Lucidor, mais il met dans l'action un flottement qui serait nuisible au bon fonctionnement d'une machination. La seconde sortie de Lucidor (scène 8) a bien pour but la recherche de Mme Argante, et l'on doit supposer que Lucidor et Mme Argante seront rejoints par Frontin, qui se retirera à la fin de la scène 12. Lisette se trouve donc seule au début de la scène 13, quand survient maître Blaise. Blaise entre et sort sans qu'on l'appelle ou qu'on le renvoie, il attend une décision et vient s'informer, se gardant bien de dire ce qu'il souhaite. Quand il est parti et que Mme Argante, Lucidor et Frontin reparaissent à la scène 14, la discussion*

---

1. La grande allée ne peut être que celle du jardin (normalement à l'arrière du château) ; sur le devant, celle qui conduit à l'entrée principale n'est pas faite pour la promenade.

entre les trois personnages avait déjà commencé. On peut se demander pourquoi ils ne l'ont pas continuée là où ils étaient, dans la maison de Mme Argante ou dans le château : l'unité de lieu (qui n'était pas de règle au Théâtre-Italien et que Marivaux entendait de façon assez libre, en situant l'action dans des parcs, dans des jardins ou dans toute une maison) exigeait qu'ils reviennent là où était restée Lisette, de nouveau seule pendant le temps d'un court monologue à la fin de la scène 13. C'est là qu'Angélique les retrouve. Mais Mme Argante, indignée des dérobades d'Angélique, sort avec colère à la fin de la scène 15, comme Angélique était sortie consternée à la fin de la scène 11, et Frontin, ayant reçu « un congé bien conditionné », doit sortir à la fin de la scène 16 sans qu'on sache où il va. La scène 17, dans laquelle Lucidor et Angélique discutent assez aigrement en présence de Lisette, est encore une scène qui ne pourrait aboutir en se prolongeant qu'à une nouvelle sortie d'Angélique, si Blaise, toujours intrus hors de propos et impatient de savoir ce qu'il peut espérer, ne venait demander « la permission d'interrompre ». Lisette, Blaise, Lucidor, chacun selon ses vues, harcèlent tellement Angélique (scène 18) qu'elle lance l'idée absurde de son amour pour Blaise, idée saisie au vol par Lucidor qui pour la troisième fois s'en va trouver Mme Argante. Angélique, désespérée, n'a plus de salut que dans le refus, elle refuse Blaise (scène 19), elle ne veut plus « de qui que ce soit au monde » (scène 20), et Lucidor, qui est heureusement revenu sans Mme Argante, on ne sait trop pourquoi, peut rester seul avec Angélique et céder enfin à ses larmes (scène 21). Tous les autres personnages reviennent avec Mme Argante, ce qui fournit un final dramatique trop satisfaisant pour qu'on s'interroge sur les raisons de reparaître qu'ont pu avoir Frontin, Blaise et Lisette.

Blaise va et vient comme un ludion, Lucidor sort, entre,

ressort sans attendre les explications nécessaires, Frontin disparaît pour reparaître, Mme Argante se retire en fureur parce que sa fille a mal reçu Frontin, mais revient à contre-temps pour approuver un mariage impossible, toute cette agitation enveloppe Angélique dans un tourbillon délirant qu'on pourrait croire commandé par Lucidor, si la conduite de Lucidor était compréhensible et si tout ce qui se produit était prévu et voulu par lui. Si c'était le cas, il faudrait se demander ce qu'est Lucidor, un pervers qui trouve plaisir à torturer celle qu'il aime, ou un être inquiet qui n'ose pas s'engager, un amoureux dont la tendresse passe par des détours étrangement paradoxaux ? Quel est le sens, quel est le but de l'épreuve à laquelle il soumet Angélique ?

L'ÉPREUVE

Lucidor a de bonnes raisons pour mettre Angélique à l'épreuve : s'il a déjà aimé, ce n'a été sans doute que des amours de rencontre ou même des amours mercenaires, que sa fortune peut lui procurer facilement, à en croire Frontin : « Le minois dont vous parlez est-il fait pour vous apparte-nir en légitime mariage ? Riche comme vous êtes, on peut se tirer de là à meilleur marché, ce me semble » (scène 1). Même s'il n'a pas eu d'aventures galantes, la société dont sa richesse lui permet de faire partie, et où Frontin jouerait volontiers le rôle de Mercure, lui a appris que même dans le mariage, surtout dans le mariage, l'argent avait plus d'im-portance que l'amour ; et si Angélique n'est pas une fille qu'on achète, sa mère, qui veut un époux riche pour sa fille, Blaise, dont les projets de mariage varient selon l'importance de la dot, Lisette même, qui voit dans cette cupidité de Blaise un « vilain procédé » (scène 19), mais qui ramasserait bien les bijoux qu'Angélique jetterait (scène 17) et qui veut bien épouser Blaise pour l'argent, lui prouvent que personne non plus n'est désintéressé dans la société où vit celle qu'il aime[1]. De plus, dans cette société, un mariage entre Lucidor et Angélique est invraisemblable. Blaise et Lisette ont facilement deviné qu'Angélique aime Lucidor, mais ils ne conçoivent pas que Lucidor puisse aimer Angélique et encore moins qu'il puisse l'épouser : « Je ne l'aurais jamais imaginé », dit Lisette quand Angélique, enthousiaste, lui affirme que c'est bien à Lucidor qu'elle va se marier[2] (scène 9). La scène 18 n'est aussi irritante pour Angélique que parce que aux yeux de Blaise et de Lisette elle aime sans être aimée, tandis que Lucidor affecte de la raisonner et traite de folie l'idée qu'elle soit amoureuse de lui : c'est lui dire qu'elle devrait être la toute première à comprendre qu'un mariage avec lui est impensable, que personne ne peut y penser.

Angélique reçoit ce propos comme une blessure de plus, et le coup est porté délibérément. Même si Lucidor ne ressentait pas comme un obstacle insurmontable l'énorme disproportion qu'il y a entre sa condition et celle d'Angélique, tous la lui rappelleraient, Frontin, Blaise, Mme Argante, Lisette, au point qu'il n'ose se fier ni à son propre amour, ni à celui d'Angélique, ni à leur commune origine roturière. Au lieu d'expliquer la conduite de Lucidor, comme beaucoup de commentateurs l'ont fait, par du sadisme avant la lettre, il est plus naturel de l'expliquer par sa peur de prendre une initiative qui heurte toute logique et toute réalité. Il est « à la fleur de son âge », mais « tout à fait sage

---

[1]. Il pouvait sincèrement penser qu'Angélique aussi serait tentée par la richesse : à la scène 10, il s'étonne qu'elle lui rende les bijoux.
[2]. À la scène 11, quand Angélique reste immobile et abattue devant Frontin et demande à Lisette, « tristement » : « Lisette, qui est-ce qui l'aurait cru ? », Lisette répond : « Je ne le crois pas, moi qui le vois. » Cette réponse ne signifie pas que Lisette juge incroyable la trahison de Lucidor, mais qu'elle n'en croit pas ses yeux, quand elle voit Frontin déguisé en homme riche (cf. sa première réplique à la scène 12).

et raisonnable », selon Frontin *(scène 1), pour qui cette sagesse devrait lui faire prendre comme maîtresse, et non comme épouse, une fille sans fortune, alors que Lucidor veut rendre « sage et raisonnable » un mariage qui est effectivement le contraire. Il ne joue pas à faire souffrir celle qu'il aime ni à risquer la ruine de ses propres espérances, il veut résoudre la contradiction qui est entre son amour et les contraintes que crée sa richesse. Entreprise difficile, qui le met d'abord en contradiction avec lui-même, puisque, sincèrement épris, sachant qu'il est aimé et étant sûr du cœur d'Angélique (il le dit dans la scène 1), il veut pourtant la mettre à l'épreuve ; il sait trop bien qu'il est presque impossible de séparer en lui l'homme de l'homme riche. Certains critiques se sont étonnés qu'il ait pu croire qu'un Frontin, insolent et vaniteux, aurait la moindre chance de séduire Angélique : mais précisément, si Frontin pouvait la séduire, ce ne devait être que par son argent, et Frontin l'a parfaitement compris, il a étalé tous les traits de caractère propres à le rendre ridicule et odieux, et d'abord sa prétention d'être séduisant. L'épreuve était trop facile à surmonter ; Lucidor en tente une autre, il offre de nouveau à Angélique les bijoux, en lui demandant pourquoi elle les avait rendus. Il ne saurait croire qu'elle les accepte cette fois-ci, il n'a rien fait pour lui permettre quelque espérance, elle ne peut voir dans cette offre qu'une nouvelle offense. Elle aurait pu répondre qu'elle refusait les bijoux parce qu'elle haïssait Lucidor, comme elle y viendra, mais son humiliation et son désespoir ne sont pas encore à leur comble ; son refus ne concerne que Frontin ; il s'accompagne pourtant d'un mouvement de dépit contre la « charmante beauté » dont Lucidor avait voulu lui montrer le portrait (à la scène 10)*[1], *et*

---

1. On peut penser qu'il avait parlé de ce portrait, juste avant que ne soit présenté Frontin, pour ne permettre à Angélique aucune illusion sur la possibilité de l'épouser lui-même

ce mouvement devrait être compris par Lucidor comme une preuve involontaire d'amour.

C'est bien ainsi qu'il l'entend sans doute, mais il n'a pas encore réduit Angélique à l'aveu, et sa méthode est de doubler chaque attaque : Frontin ayant été refusé au premier regard, il l'avait, avec Mme Argante, ramené pour une seconde entrevue ; les bijoux refusés viennent d'être offerts pour la seconde fois ; il avait demandé à Angélique (scène 8) si elle n'avait pas prêté attention à quelqu'un des jeunes gens qui lui faisaient la cour, elle s'en était défendue, et maintenant il lui suppose quelque amour inavoué dont elle lui fait mystère, hypothèse d'autant plus blessante qu'elle est fondée et qu'elle est formulée par celui-là même pour lequel Angélique éprouve ce sentiment désormais inavouable ; enfin, quand Frontin ne peut plus servir à rien, survient un prétendant qui, par la faute d'Angélique, va faire renouveler l'épreuve. C'est Blaise, qui se réjouit d'être repoussé ; mais il fait allusion à l'amour d'Angélique pour Lucidor, Lisette le confirme[1], Lucidor feint de s'étonner en entendant Blaise dire qu'elle a pleuré quand il était malade (il le savait, il l'avait dit à Frontin dans la scène 1) : le rêve malheureux d'Angélique est piétiné, il est traité de folie, elle est atteinte au plus secret de son cœur, elle s'emporte contre Blaise, contre Lisette, contre Lucidor qu'elle pense maintenant haïr, elle n'a plus qu'une échappatoire : avec fureur elle se déclare amoureuse de Blaise, et essuie une humiliation de plus, puisque Lucidor, connaissant la cupidité de Blaise, offre vingt mille francs pour le mariage et s'en va obtenir l'accord de Mme Argante.

Ce coup est le plus dur. À la scène suivante, il est indiqué deux fois qu'Angélique est « languissante » ; il lui suf-

1. C'est Lucidor qui a invité Blaise (scène 2) à faire cette allusion, mais Blaise et Lisette avaient d'eux-mêmes bien reconnu l'amour d'Angélique.

fit de refuser l'argent promis par Lucidor pour se défaire de Blaise, et elle ramasse dans ce refus le peu de force qui lui reste : « Je ne changerai jamais », mot qui doit définitivement décourager Blaise, mais qui signifie aussi, sans qu'elle l'ait voulu, une fidélité désespérée et le renoncement : « Je ne veux plus de qui que ce soit au monde », dira-t-elle à Lucidor venu confirmer le don des vingt mille francs et l'accord de Mme Argante. C'est alors qu'elle fond en larmes, comme elle en avait autrefois versé au chevet de Lucidor en danger de mort. Elle veut sortir, il la retient, et l'avant-dernière scène, où ils sont tête à tête et qui est le dénouement (avant la traditionnelle scène qui conclut en faisant reparaître tous les personnages), est, comme plus d'un dénouement chez Marivaux, rapide, intense, et il suffirait d'un mot, d'un geste, d'un silence pour qu'elle s'achève par une séparation.

Lucidor, en suscitant Frontin comme prétendant, en parlant d'une jeune fille qu'on veut lui faire épouser à Paris et dont il s'est fait apporter le portrait (scène 10), en rendant possible par une grosse somme d'argent et par une démarche auprès de Mme Argante le mariage d'Angélique avec Blaise, espérait pousser à bout Angélique et l'amener à avouer que c'était lui qu'elle aimait, et non l'argent, pas plus celui qu'il offrait à Blaise que celui de Frontin. A-t-il prévu les larmes qu'elle verse, a-t-il voulu qu'elle aille jusqu'à le haïr ? La scène 21 permet d'en douter, et surtout dans cette scène la réplique : « Hélas ! Angélique, sans la haine que vous m'avez déclarée, et qui m'a paru si vraie, si naturelle, j'allais me proposer moi-même », et le jeu de scène qui l'accompagne[1] : Lucidor allait sortir, un soupir d'Angélique le fait revenir sur ses pas. Sa sortie était-elle une feinte ? Le risque était grand qu'Angélique le laissât partir, après lui

---

1. Voir dans la partie des Notes du Dossier, p. 98, n. 3.

avoir marqué ce qu'il pouvait interpréter comme un amer refus de l'entendre ; car Angélique n'est pas coquette, elle ne badine pas avec l'amour. C'est Lucidor qui finit par prononcer l'aveu qu'il attendait d'elle après qu'elle a voulu s'en aller (à la scène précédente), quand elle est tout en pleurs, sanglotante, accablée d'humiliations dont il est responsable. L'épreuve n'a pas révélé une fille cupide préférant l'argent à l'amour, elle s'est retournée contre Lucidor, elle l'a réduit à dire qu'il aime sans avoir lui-même entendu un aveu d'amour. L'idée d'un mariage d'Angélique avec Blaise, même gratifié de vingt mille francs, était invraisemblable, Lucidor ne s'en est servi que comme d'une épreuve de plus. Mais l'idée d'être détesté, elle, n'est pas invraisemblable, les larmes d'Angélique, son refus, son renoncement absolu sont des faits : Lucidor, qui craignait de n'être aimé que pour son argent, est ou peut se croire haï pour cet argent même, il peut croire avoir tout perdu.

Un soupir va tout sauver. Ce moment de la scène 21 est à comparer à un moment d'une scène du Jeu de l'amour et du hasard, la scène 8 de l'acte III, et ce rapprochement nous semble confirmer notre interprétation de L'Épreuve. Dans Le Jeu, si Dorante a avoué son amour à Silvia, qu'il prend pour la femme de chambre Lisette, Silvia n'a révélé ni son propre amour, ni son identité ; elle veut savoir si Dorante l'aime assez pour l'épouser, lui aristocrate, elle prétendument domestique. Mais il croit qu'elle est aimée de Mario (dont l'amour n'est qu'une feinte), et il ne se croit pas aimé ; il se retire : « Adieu. » Silvia ne soupire pas, mais pendant qu'il s'en va vers la sortie, elle se parle à elle-même, — « s'il part, je ne l'aime plus » —, se désespère de ce dénouement, voit Dorante hésiter, revenir, et le dialogue reprend, beaucoup plus développé, mais non sans analogie avec les quelques répliques sur lesquelles la scène 21 de L'Épreuve s'achève. Pendant un suspens, plus long dans

Le Jeu *que dans* L'Épreuve, *le destin des personnages a balancé entre la rupture et le bonheur. Il appartient aux comédiens de marquer, par le silence, l'intensité dramatique de ce suspens.*

Pour admettre que Lucidor continue l'épreuve jusque dans cette scène 21, que ses mots sur la haine « si vraie, si naturelle » d'Angélique soient ironiques, que son mouvement vers la sortie soit une manœuvre, il faudrait lui prêter non seulement de la cruauté ici encore, fût-elle la plus tendre, mais la certitude persistante d'être aimé et de ne pouvoir cesser de l'être. La scène serait moins tendue, sa péripétie moins émouvante et le caractère de Lucidor moins intéressant.

Mais ce caractère n'est ni clair ni simple. Lucidor a effectivement été cruel, jusqu'au moment où Angélique a fondu en larmes. Elle lui avait déjà dit qu'elle croyait le haïr, même avant qu'il eût rendu possible le mariage avec Blaise[1]*, mariage qu'il aurait dû savoir inacceptable. Ce n'est donc pas la haine, ce sont les larmes et le désespoir d'Angélique qui, rendant cette haine plausible, ont déterminé le retrait commencé par Lucidor. Retrait assez hésitant pour n'être pas aussi l'essai d'une ultime épreuve et d'une ultime espérance, assez lent pour laisser à Angélique le temps d'en soupirer. Nous avons dit devant quel dilemme, qu'il croit insoluble, se trouve Lucidor. L'hésitation, visible concrètement dans les pas même de Lucidor à ce moment de la scène 21, est à la base de toute sa conduite. Il est jeune, il aime, il a peur de sa propre richesse, il voudrait qu'Angélique lui donne une assurance évidente de son amour ; toute l'épreuve, avec ses feintes plus maladroites que malignes et*

---

1. À moins d'être aveugle et sot, il ne pourrait avoir répondu que par provocation : « Je l'ai soupçonné », à Angélique qui déclarait que son « galant », celui qu'elle aimait, était maître Blaise (scène 18). La réponse, en réalité, est ironique à l'adresse de Blaise.

ses rebonds, ne tend qu'à permettre à Angélique de franchir l'obstacle de l'argent, et est inspirée par l'amour : si Angélique était moins simple et moins spontanée, elle pourrait dire à Lucidor ce que Dorante dit à Silvia, au dénouement du Jeu de l'amour et du hasard *: « Ce qui m'enchante le plus, ce sont les preuves que je vous ai donné de ma tendresse*[1]*. »*

Ces preuves, Angélique les lui a données sans qu'il les reçût. « Vous m'aimez donc ? » lui demande-t-il à la fin de la scène 21, à quoi elle répond : « Ai-je jamais fait autre chose ? » Les fleurs qu'elle lui apportait, la confiance et la joie qu'elle lui manifestait quand il annonçait la venue d'un riche prétendant, son mutisme, sa tristesse, son dépit, sa colère, sa haine étaient autant de preuves d'amour, auxquelles il n'a pas osé s'arrêter. Lui aussi déclarait son amour, non pas seulement, de façon paradoxale et sans pouvoir être compris, par l'épreuve, mais indirectement et presque malgré lui dans la scène 8 par des mots de tendresse auxquels Angélique avait raison de croire, et par les sentiments qu'il prêtait au prétendant à venir, comme si, protégé par ce subterfuge, il eût fait sous le couvert d'un autre l'aveu qu'il prononcera seulement à la scène 21. Si son accent avait été celui de la ruse et non celui de la ferveur, Angélique ne s'y serait pas aussi passionnément trompée. Entre Angélique qu'il aime et la fortune qui pèse sur lui comme un carcan, Lucidor subit lui aussi une épreuve difficile. Par amour, il fait souffrir celle qu'il aime, et il ne veut ni ne peut lui manifester autrement cet amour.

En face d'un être aussi inquiet et complexe, Angélique est directe et entière. Elle se livre à son amour avec l'élan de l'innocence, elle repousse tout ce qui blesse cet amour avec

---

1. *Le Jeu de l'amour et du hasard,* acte III, scène dernière (*Pléiade,* t. 1, p. 657).

la force d'un cœur incapable de trahir. Plus vulnérable que Marianne et que Tervire, les héroïnes de La Vie de Marianne qui ont occupé l'esprit de Marivaux, l'une avant L'Épreuve, l'autre pendant la rédaction de la comédie et aussitôt après, Angélique a leur intransigeance, leur obstination à refuser la compromission et l'avilissement. Toute jeune qu'elle est, elle sait défendre l'intégrité de son sentiment et se réfugie dans le désespoir plutôt que de plier.

Un être humain ne peut être connu et ne peut se connaître lui-même que s'il a été soumis à une épreuve qui le touche au plus profond. Cette idée (inspirée peut-être par la philosophie de Malebranche) est à la base de plus d'une œuvre théâtrale, romanesque ou journalistique de Marivaux : dans La Fausse Suivante, l'héroïne se déguise pour connaître les sentiments réels de Lélio ; dans L'Île des Esclaves et dans L'Île de la Raison, les Européens naufragés ou faits prisonniers subissent des épreuves physiques et psychologiques qui les révèlent à eux-mêmes ; dans Le Jeu de l'amour et du hasard, Silvia, pour connaître la vérité sur Dorante, fait déguiser Lisette, et Dorante fait déguiser Arlequin pour connaître la vérité sur Silvia ; déguisement encore, celui de Léonide, qui veut savoir dans Le Triomphe de l'amour, si Agis peut l'aimer ; Hortense affecte l'indifférence envers Rosimond et l'arrache à sa sotte affectation dans Le Petit-maître corrigé ; dans La Femme fidèle, le Marquis ne fait connaître sa véritable identité à la Marquise qu'après s'être assuré de ses sentiments ; et Marianne et Jacob, les protagonistes de La Vie de Marianne et du Paysan parvenu, sont devenus eux-mêmes pour avoir éprouvé tout ce que le sort réservait à une fille sans nom et à un paysan sans fortune. On a montré des sources de L'Épreuve chez Boccace (Décaméron, 10e nouvelle de la Xe Journée), Marguerite de Navarre (L'Heptaméron, IIe Journée, 18e nouvelle), dans une *comédie de Legrand et Alain,* L'Épreuve réciproque, *et ces rapprochements ne sont pas vains*[1], *mais pour une comédie dont le titre même indique que son sujet est essentiel à la pensée de Marivaux, les exemples ou modèles antérieurs ont peu de poids.*

L'ÉCHELLE SOCIALE ET L'ARGENT

Lucidor est le fils d'un riche négociant. Il n'est pas noble, un noble dérogerait s'il se livrait au négoce, mais l'on ignore s'il continue le commerce de son père ou s'il vit de ses rentes. Il pourrait s'anoblir en s'alliant à une famille qui lui transférerait son titre ou en achetant une charge de secrétaire du roi[2], *mais il ne s'en soucie pas : il n'a pas « l'entêtement des grandes alliances » et ne se croit pas socialement plus élevé qu'Angélique : « Originairement elle me vaut bien » (scène 1). Rien n'est dit de son ambition ni de la carrière qu'il entend suivre. Marivaux l'a voulu ainsi : il suffit qu'il n'ait aucun souci matériel et que son amour soit toute son affaire ; ainsi est souligné l'écart qui sépare cet homme fortuné, seigneur du village, des autres personnages besogneux, qui travaillent comme concierge, comme fermier, comme fille suivante ou comme domestique*[3]. *Il n'y a aucune proportion entre sa richesse et les ressources de Mme Argante ou de Blaise. Une rente de plus de cent mille*

---

1. Voir la notice de *L'Épreuve* dans le tome II de *Pléiade*, p. 1035-1036.
2. Cette charge anoblissait, mais n'empêchait pas le négoce.
3. Lisette dit (scène 6) que Lucidor est « grand seigneur par ses richesses », ce qui implique qu'il ne l'est pas de naissance ni par anoblissement. Il a probablement acheté, avec le château et le domaine, la seigneurie du village, car il marie les filles et subventionne les fermiers ; le seigneur de village possédait un certain nombre de droits et de monopoles et percevait des redevances de ses manants, mais n'était pas forcément noble (voir Pierre Goubert, *L'Ancien Régime*, t. 1, p. 72, *sqq.*, Armand Colin, 1969).

francs serait peut-être peu de chose pour un fermier général[1], *mais c'est un revenu bien supérieur à celui d'un magistrat ou d'un noble faisant partie de la société riche, comme ceux dont les rentes sont mentionnées dans d'autres pièces de Marivaux*[2], *et il est énorme en comparaison de ce dont disposent ou de ce que peuvent espérer une bourgeoise comme Mme Argante ou un fermier assez bien pourvu comme Blaise. Lucidor pense que Mme Argante a « peu de bien », et par conséquent qu'elle devrait consentir au mariage de sa fille avec Blaise : « Le parti pourrait convenir »* (scène 2) ; *Mme Argante elle-même fait remarquer à sa fille son « peu de fortune et la médiocrité de [son] état »* (scène 15) ; *mais cet état, médiocre en comparaison de celui dont jouit prétendument Frontin, est encore trop beau pour qu'un mariage avec Blaise ne paraisse pas à cette bourgeoise une mésalliance : « Je crains que madame Argante ne vous trouve pas assez de bien pour sa fille »*, *dit Lisette à Blaise* (scène 3). *Aussi quand Mme Argante, furieuse,*

---

1. Dans le roman autobiographique de Mme d'Épinay, M. de Montbrillant, en qui l'auteur a représenté son mari, le fermier général Denis-Joseph de la Live d'Épinay, ayant été privé de son emploi, se plaint d'être réduit à cent mille livres de rente et de ne pouvoir payer ses dettes ni ses domestiques (Madame d'Épinay, *Histoire de Madame de Montbrillant*, texte intégral publié par Georges Roth, Gallimard, 1951, t. 3, p. 424).

2. Dans *La Fausse Suivante* (1724), Lélio veut rompre la promesse de mariage qu'il a signée à la Comtesse, riche de six mille livres de rente, pour épouser « une demoiselle de Paris » qui lui en apporte douze mille (acte I, scène 5). Dans *Les Fausses Confidences*, Araminte est la veuve d'un mari qui avait une grande charge dans les finances et plus de cinquante mille livres de rente (acte I, scène 2), et M. Remy, procureur (c'est une sorte d'avoué) parle d'une veuve riche de quinze mille livres de rente qui offre d'épouser Dorante, tout en sachant qu'il n'a pas de bien (acte II, scène 2). Dans *Les Acteurs de bonne foi* (publiés en 1757), Araminte (selon Mme Hamelin) a trente mille livres de rente (scène 9). Toute estimation est très hasardeuse, mais on peut admettre que la rente de Lucidor représente plus de huit millions de francs, soit un peu plus d'un million d'euros actuels.

dit à Angélique qu'elle la déshérite si elle « *continue de répondre aussi mal aux obligations* » *qu'elles ont envers Lucidor, elle risque le ridicule aux yeux d'un millionnaire*, mais elle parle en femme qui a la conscience d'occuper un certain rang et de vivre à un certain niveau, auxquels ne peut prétendre un paysan comme Blaise (scène 15). Les cinq mille francs dont elle dispose pour doter sa fille sont aux yeux de Blaise une somme fort désirable, et les douze mille francs que lui promet Lucidor (scène 2) le don d'un prince, qui lui paraît prodigieux; mais à Blaise, que Mme Argante ne voudrait pas comme gendre, Lisette déclare (scène 4) : « *Je sais bien que vous êtes un fermier à votre aise, et que je ne suis pas pour vous.* » Elle sera pour lui grâce à l'argent de Lucidor. Le tableau des « *partis sortables* », dont la vanité ou la cupidité voudraient s'évader, est ainsi établi par les différences de fortune[1].

Ces différences sont marquées aussi par le langage : Lucidor n'est jamais appelé que « Monsieur » ou « monsieur Lucidor » ; Mme Argante n'est appelée que « madame Argante », elle a droit à de la considération ; Angélique est pour sa mère « Mademoiselle », quand elle est interpellée avec sévérité, et « ma fille » ; pour maître Blaise, elle est « Mademoiselle » ou « mademoiselle Angélique », pour Lisette, « Mademoiselle » ; Frontin, qui joue l'honnête homme, lui dit : « Mademoiselle », mais retrouvant son naturel et ironisant in petto, « belle Angélique » et « fille ingrate » ; enfin elle est toujours « Angélique » pour Lucidor, ou « belle Angélique », « chère Angélique », appellations qu'autorise, bien plutôt que la distance sociale, l'extrême jeunesse d'Angélique : cette jeunesse explique que tous, même Lisette, lorsqu'ils parlent d'elle en

---

1. Furetière, dans *Le Roman comique* (1666), avait établi un « Tarif ou évaluation des partis sortables pour faire facilement les mariages » (Livre premier, édition présentée, établie et annotée par Jacques Prévot, Gallimard, Folio classique, 1981, p. 47-48).

son absence la nomment tout uniment Angélique. Blaise est « maître Blaise » ou « monsieur Blaise » pour Lucidor, pour Lisette (qui lui dit aussi : « Monsieur »), et seulement « monsieur Blaise » pour Angélique (« maître », suivi du nom propre, en s'adressant à un paysan, est un titre familier, moins cérémonieux que « monsieur ») ; Lisette est appelée Lisette par tout le monde, mais seule Angélique la tutoie ; le « vous », quand on s'adresse à elle, n'empêche pas la familiarité : Blaise (qui la désigne ironiquement comme « mademoiselle Lisette » à la scène 3) l'appelle « ma mie », « belle brunette », « fillette », et Frontin, dans son rôle de riche citadin, « ma mie » et « mon enfant » ; Frontin enfin est tutoyé par Lucidor, par Lisette, quand elle croit le reconnaître, et au dénouement, quand il est redevenu Frontin (alors qu'il continue à la vouvoyer), mais est toujours « Monsieur » dans son déguisement. Marivaux est très attentif à ces nuances qui situent les personnages les uns par rapport aux autres, dans une configuration assez complexe pour un si petit groupe.

LA CRUAUTÉ ET LA GAIETÉ

Nos contemporains ont découvert la « cruauté » de Marivaux, et l'une des pièces qui leur paraît démontrer cette cruauté est L'Épreuve[1]. *Mais il ne faut pas confondre la cruauté de Marivaux et celle de ses personnages : aucune comédie de Marivaux n'est fondamentalement cruelle, sauf pour un cynique comme le Lélio de* La Fausse Suivante *ou pour les sages dont la sagesse est bafouée et l'amour ridicu-*

---

1. Jules Lemaître, il y a plus d'un siècle, en novembre 1888, est l'un des premiers à avoir noté la cruauté de Marivaux dans *L'Épreuve* (cité par Bernard Dort, *Théâtre* de Marivaux, Le Club français du Livre, 1962, t. 4, p. 394, et par Henri Lagrave, *Marivaux et sa fortune littéraire*, Ducros, 1970, p. 102).

lisé que sont Hermocrate et Léontine dans Le Triomphe de l'amour *(encore ceux-ci ont-ils droit à quelque indulgence au dénouement). Mais plusieurs personnages sont cruels tactiquement, pour assurer le bonheur de celui qu'ils ont l'air de persécuter ; ainsi le Prince, dans* La Double Inconstance, *en qui on a voulu voir un violateur de conscience, le Trivelin de* L'Île des Esclaves, *Silvia envers Dorante dans* Le Jeu de l'amour et du hasard. *Lucidor paraît d'autant plus cruel qu'Angélique est profondément émouvante : innocente, sincère, sensible, blessée et humiliée dans son élan le plus spontané, elle défend la pureté de son amour inavoué avec vivacité et courage («J'y vais de tout mon cœur», dit-elle à Frontin dans la scène 16), mais aussi avec l'intuition des dangers et des laideurs d'un monde qui semble l'assiéger (toujours à Frontin : «Vous ne manquerez pas de filles ; quand on est riche, on en a tant qu'on veut, à ce qu'on dit», et cela peut viser indirectement Lucidor, à qui Frontin, en tant que domestique, avait dès la scène 1 dit à peu près la même chose) ; sa colère en porte-à-faux contre Lucidor a l'énergie et les accents les plus justes, inspirés par l'amour opprimé : «Je ne suis pas idiote» (scène 17). Elle n'est pas une Agnès, et Marivaux a voulu faire sentir la différence*[1]. *Que cette belle âme puisse connaître la haine, la faute en est à Lucidor ; à ce point de sa carrière et de sa vie, Marivaux (en 1740, il a cinquante-deux ans) pense que, pour vérifier l'authenticité d'un sentiment, l'épreuve doit être impitoyable. L'histoire de Tervire, dans les derniers livres de* La Vie de Marianne, *la comédie de* La Dispute[2] *témoignent de cette tendance au*

---

1. Jean Goldzink a signalé les «allusions transparentes à Agnès» dans les scènes 17 et 18 (édition de *L'Épreuve* citée dans la Bibliographie, p. 130 de notre édition).
2. Et la comédie de *La Commère* (1741, selon la copie manuscrite), si elle est de Marivaux.

pessimisme ; dans Les Acteurs de bonne foi, *une autre Mme Argante, qui a été mystifiée, dit à ses mystificatrices, lorsque tout finit bien et qu'elle est détrompée :* « Vous êtes toutes deux de méchantes personnes », *et si sa fille Angélique conclut :* « Il n'y a plus qu'à rire », *Araminte adresse à la victime ce mot profond, et qui ne doit pas être blessant :* « Vous ne m'aimerez jamais tant que vous m'avez haïe[1]. » *Lucidor ne pourrait pas en dire autant à Angélique, mais le bon Marivaux a cru quelquefois qu'un amour véritable devait avoir traversé la haine, ou risqué de s'y perdre.*

Et pourtant la pièce est comique : par les personnages de Frontin et de Blaise, d'abord. Frontin est visiblement joyeux de la mystification où il a le beau rôle, même le danger d'être démasqué par Lisette l'excite au jeu au lieu de vraiment l'inquiéter ; il sait qu'il n'a rien à perdre ni à gagner, quelle que soit l'issue de ce qu'il considère comme une plaisanterie, et sans doute n'a-t-il pas l'idée qu'elle pourrait être malheureuse. Cette note de bouffonnerie rend plus sensibles, par contraste, le désarroi et le désespoir d'Angélique, mais interdit de voir une tragédie dans une pièce où la gaieté doit être dominante. Blaise contribue encore plus à cette gaieté. Il a hérité des Arlequins la naïveté, la balourdise, l'avidité comme la finauderie et la bonne humeur, et la scène des « tant mieux si tristes » *et des* « tant pis si gaillards » *avec Lisette (scène 13) est l'une des plus cocasses qu'ait imaginées Marivaux ; cupide, indifférent à ce qu'il peut entrer de sentiment dans le mariage, il n'est ni odieux ni ridicule, il est, comme Arlequin, une* « nature » *qui emporte la sympathie du spectateur ; son rôle dans le développement de* « l'épreuve » *est capital, quoique certains contemporains l'aient jugé inutile, mais il est encore plus nécessaire à la*

---

1. *Les Acteurs de bonne foi*, scène 13 et dernière. La comédie n'a pas été représentée, elle fut publiée en 1757 dans *Le Conservateur*.

*tonalité générale de la comédie. Enfin, si l'on peut sourire
— d'un sourire ému — au comportement d'Angélique, il
n'est nullement contraire aux intentions de Marivaux
qu'on rie à l'aveugle entêtement de Lucidor, à ses efforts
maladroits pour rendre impossible un bonheur qu'il n'aurait qu'à cueillir, et à son embarras, bien comparable à
celui de Blaise, devant une décision de mariage. Cette
conception de son rôle fait de lui un personnage plus plausible que le tortionnaire qu'ont vu en lui certains de nos
contemporains. Toute la pièce doit être menée selon un
mouvement allègre, dans la pleine lumière et le plein air,
comme l'avait bien compris Claude Santelli dans la mise en
scène qu'il avait conçue pour la télévision*[1].

LE DIALOGUE

*Les deux plus grands maîtres du dialogue dans le
théâtre français sont Racine et Marivaux. Ils ont en commun l'énergie, la densité, l'efficacité. Aucune réplique n'est
inutile, aucune ne laisse la situation entre les personnages
identique à celle où ils étaient avant qu'elle fût prononcée.
Même Molière, peut-être plus puissant comme dramaturge
et comme créateur de caractères, n'use pas d'un dialogue
aussi serré, et Beaumarchais, dont la vivacité dans le dialogue et les trouvailles de mots sont étincelantes, perd en
vérité et en profondeur ce qu'il gagne en éclat et en comique.
Marivaux a donné à de courtes comédies en un acte la complexité et la richesse de sens que sembleraient permettre seulement des formes plus amples.* Le Legs, L'Épreuve, Les
Acteurs de bonne foi, *en un seul acte, ne sont pas des
comédies moins pleines ou plus légères que* Les Fausses

---

1. TF1, 11 avril 1982 (voir *infra*, *L'Épreuve* à la scène, p. 129).

Confidences *ou* Le Triomphe de l'amour *en trois actes, ou que* Les Serments indiscrets *en cinq actes. L'improvisation, si elle se greffait vraiment sur ces textes, ne pouvait que les affaiblir.*

Si le comique, selon nous, doit être la note dominante dans L'Épreuve, *la pièce comporte aussi des moments de tension feutrée ou très dure. Certes, le dialogue n'est pas tout, et il ne dit pas tout. Mais un écrivain n'a aucun autre moyen, pour donner à entendre le* non-dit, *que le dire, et Marivaux connaît tous les pouvoirs du langage. Ainsi dans la scène 18, Angélique «outrée» d'entendre Blaise dire qu'elle «envie» Lucidor («envier» au sens d'«avoir envie de», l'objet étant une personne)*[1], *puis révoltée parce que Lucidor affecte de douter qu'elle ait pu pleurer «par amitié» pour lui, répète avec indignation quatre fois l'idée de «pleurer» et deux fois l'idée d'«aimer» (que n'avait explicitement formulée ni Blaise, ni Lucidor). À l'objection de Lisette, qui implique aussi l'amour d'Angélique pour Lucidor, elle réagit par un nouvel élan de colère, dont les mouvements, marqués par les reprises de mots, les exclamations, le rythme haché de phrases, sont aussi agités et aussi harmonieux à la fois que ceux d'une tirade d'Hermione : le verbe «aimer» s'y retrouve, mais Angélique n'ose parler que d'«inclination» pour cet «autre» qu'elle oppose à Lucidor. Enfin, quand Lucidor invoque la raison et traite de folie ce qu'ont dit Blaise et Lisette, Angélique répond dans un style plus soutenu, mieux articulé, pour nier encore l'amour et en arriver à la haine, en trois propositions (une conditionnelle et deux négatives) qui traduisent son hésitation ou sa difficulté à*

---

1. On dit régulièrement «envier quelque chose ou quelqu'un» à celui qui le possède ; mais «envier» un mari, comme on a envie d'une friandise, est sans doute une expression réaliste du paysan Blaise, bien que Féraud semble attester cet emploi.

assumer un sentiment si étranger à son cœur, auquel pourtant elle se trouve condamnée.

Le début de la scène 8, qui ressemble à un badinage, est encore plus riche de nuances et d'implicite involontaire : la deuxième réplique d'Angélique (qui est persuadée que Lucidor va la demander en mariage) établit un parallèle entre la joie qui l'embellit maintenant et l'angoisse où elle était pendant la maladie de Lucidor : « ce n'était pas de même quand vous étiez malade » laisse deviner que Lucidor est bien la cause de son état actuel comme il l'a été de son état antérieur ; « à propos » souligne naïvement cette continuité, tout comme « aussi » (« je pensais à vous aussi en cueillant ce petit bouquet », comme j'y pensais pendant votre maladie) ; un peu plus loin, « notre amitié que vous savez bien » (amitié qui occupe seule le cœur d'Angélique) semble simplement confirmer le mot de Lucidor, « l'extrême amitié que j'ai pour vous », mais fait allusion à une connivence, à une amitié qui est particulière à Angélique et à Lucidor et qui est plus que de l'amitié ; un peu plus loin encore, « vous oublierez donc toujours, à moins que je ne me taise ; je ne connais point d'autre secret » signifie, toujours sans qu'Angélique le sache, qu'elle reçoit les paroles de Lucidor (« vos façons de parler me font tant de plaisir », etc.) comme un aveu d'amour, et aussi (cette fois, Angélique doit le savoir) que ses propres paroles ont bien le sens qu'elle croit qu'il leur prête. Toute la scène est un dialogue où chaque réplique dit l'amour (même celles de Lucidor) sans que jamais l'amour soit déclaré. Il serait difficile de trouver ailleurs que chez Marivaux une expression aussi attentive et aussi discrète des mouvements les plus cachés de la vie intérieure.

Henri COULET

NOTE SUR CETTE ÉDITION

LE TEXTE

Nous reproduisons le texte de l'édition originale, parue chez Mérigot en 1740. C'est aussi le texte reproduit dans l'édition du *Théâtre complet* de la Bibliothèque de la Pléiade, que nous n'avons cru devoir modifier que dans deux occurrences (scène 17, indication scénique, p. 86, et Vaudeville, p. 102). Quand, dans nos notes, nous mentionnons le texte d'« éditions modernes », spécifiées ou non, l'accord de notre texte avec celui de la Pléiade est toujours implicite.

Nous avons modernisé la graphie, corrigé quelques fautes évidentes de l'originale, rétabli le nom d'Angélique là où avait subsisté le nom antérieur de Mariane, et orthographié Frontin, selon la graphie traditionnelle, au lieu de Frontain, le nom du valet de Lucidor. La syntaxe (notamment l'accord des participes passés) et la ponctuation originales ont été maintenues. Les variantes relevées, qui ne sont pas significatives, proviennent des éditions qui ont suivi celle de 1740, et qui ont paru chez Prault père en 1747, dans le recueil des *Œuvres de théâtre de M. de Marivaux* chez N.-B. Duchesne en 1758 (tome V)[1] et dans les *Œuvres complètes* chez la veuve Duchesne en 1781 (tome IV). *L'Épreuve* ne figurait pas dans le *Nouveau Théâtre-Italien, ou Recueil général des comédies représentées par les Comédiens-

---

1. La pagination de ce recueil est continue : dans certains exemplaires, *L'Épreuve* est insérée avec une pagination séparée et une page de titre datée de 1760.

Italiens ordinaires du Roi, à Paris, chez Briasson, 1753, mais le divertissement et sa musique étaient reproduits dans le tome I[1].

Parmi les éditions modernes, il est utile de consulter celles du *Théâtre complet*, procurées par Michel Gilot et Henri Coulet chez Gallimard (Bibliothèque de la Pléiade, 2 volumes, 1993-1994) (sigle : *Pléiade*), par Frédéric Deloffre et Françoise Rubellin, dans la collection des Classiques Garnier (Bordas, 2 volumes, 1989-1992), par Bernard Dort (Le Club français du Livre, 4 volumes, 1962), par Jean Fournier et Maurice Bastide (Les Classiques verts, 2 volumes, 1946). L'édition des *Œuvres complètes* de Marivaux procurée par Duviquet (1825-1830) n'est pas fiable ; voir dans la partie Notes du Dossier, p. 34, n. 3.

LA LANGUE

Les mots qui peuvent faire difficulté sont expliqués en note, les définitions étant empruntées, chaque fois qu'il a été possible, aux dictionnaires du XVIIIe siècle : *A.T.* désigne l'*Abrégé du Dictionnaire universel français et latin, vulgairement appelé Dictionnaire de Trévoux*, par Berthelin, Paris, 1762 ; *Féraud* désigne le *Dictionnaire critique de la langue française*, par l'abbé Féraud, Marseille, 1787 ; nous avons aussi utilisé le *Dictionnaire de l'Académie française*, édition de 1762, désigné par l'abréviation *Acad.*, et occasionnellement le *Richelet portatif* (*Dictionnaire portatif de la langue française, extrait du grand Dictionnaire de Pierre Richelet*, par l'abbé Goujet, édition de Lyon, 1756) et le *Dictionnaire universel [...]* de Furetière (1690).

L'accord des participes est le point sur lequel la syntaxe de Marivaux et de ses contemporains diffère le plus de la nôtre : en règle générale, le participe passé n'est pas accordé lorsque le sujet du verbe ou le substantif complément d'objet ou son attribut lui est postposé : « Vous devez être satisfait de la justice que vous ont rendu vos juges », et : « Dieu les avait créé innocents et les promesses trompeuses du démon les ont rendu

1. Voir dans la partie Notes du Dossier, p. 101, n. 2.

coupables[1]. » Mais il arrive à Marivaux de faire l'accord quand la règle ne le prévoit pas, et de ne pas le faire quand il devrait être fait.

Le parler de Blaise est aisé à comprendre : le langage paysan au théâtre, dérivé du parler de l'Île-de-France, est un langage conventionnel, expressif et pittoresque dans son vocabulaire et ses tournures, différent du langage urbain des gens cultivés par une morphologie assez flottante (Marivaux laisse subsister des formes « régulières » à côté de formes dialectales, « elle » à côté de « alle », « personne » à côté de « parsonne », « plus » à côté de « pus », etc.). On trouvera une description de ce parler dans la thèse de Frédéric Deloffre, *Une préciosité nouvelle, Marivaux et le marivaudage* (voir la Bibliographie, p. 132).

La ponctuation ne saurait dérouter longtemps un lecteur moderne. L'usage qu'en fait Marivaux n'est pas celui de la logique syntaxique, qui fixe bien les uns par rapport aux autres dans une structure hiérarchisée les divers éléments d'une phrase ou d'un paragraphe, mais celui du sentiment, qui peut juxtaposer, en ne les séparant que par des virgules, ces éléments dont l'acteur rythmera le débit. À la fin d'une phrase laissée en suspens, les points de suspension sont parfois remplacés par un point final, la forme de la phrase suffisant à marquer l'interruption. La ponctuation de l'édition originale n'est sans doute pas exactement celle de l'auteur, mais elle en est certainement beaucoup plus proche que la ponctuation des éditions ultérieures, et nous avons cru bon de la respecter, parce qu'elle nous paraît plus expressive que la ponctuation moderne.

---

1. Exemples proposés par le grammairien Restaut (*Principes généraux et raisonnés de la grammaire française*, 1736, chapitre VII, article II).

L'Épreuve

COMÉDIE EN UN ACTE, EN PROSE,
REPRÉSENTÉE POUR LA PREMIÈRE FOIS
PAR LES COMÉDIENS-ITALIENS LE SAMEDI
19 NOVEMBRE 1740

ACTEURS[1]

MADAME ARGANTE.
ANGÉLIQUE, *sa fille.*
LISETTE, *suivante.*
LUCIDOR, *amant d'Angélique.*
FRONTIN[2], *valet de Lucidor.*
MAÎTRE BLAISE, *jeune fermier du village*[3].

SCÈNE PREMIÈRE

LUCIDOR, FRONTIN, *en bottes et en habit de maître*[1].

LUCIDOR

Entrons dans cette salle. Tu ne fais donc que d'arriver ?

FRONTIN

Je viens de mettre pied à terre à la première hôtellerie du village, j'ai demandé le chemin du château, suivant l'ordre de votre lettre, et me voilà dans l'équipage que vous m'avez prescrit. De ma figure[2], qu'en dites-vous ? (*Il se retourne.*) Y reconnaissez-vous votre valet de chambre, et n'ai-je pas l'air un peu trop seigneur ?

LUCIDOR

Tu es comme il faut ; à qui t'es-tu adressé en entrant ?

FRONTIN

Je n'ai rencontré qu'un petit garçon[1] dans la cour, et vous avez paru. À présent, que voulez-vous faire de moi et de ma bonne mine ?

LUCIDOR

Te proposer pour époux à une très aimable fille.

FRONTIN

Tout de bon, ma foi, Monsieur, je soutiens que vous êtes encore plus aimable qu'elle[2].

LUCIDOR

Eh non, tu te trompes, c'est moi que la chose regarde.

FRONTIN

En ce cas-là, je ne soutiens plus rien.

LUCIDOR

Tu sais que je suis venu ici il y a près de deux mois pour y voir la terre que mon homme d'affaire m'a achetée ; j'ai trouvé dans le château une madame Argante qui en était comme la concierge, et qui est une petite bourgeoise[3] de ce pays-ci. Cette bonne dame a une fille qui m'a charmé, et c'est pour elle que je veux te proposer.

FRONTIN, *riant*.

Pour cette fille que vous aimez, la confidence est gaillarde[4], nous serons donc trois ; vous traitez cette affaire-ci comme une partie de piquet[5].

LUCIDOR

Écoute-moi donc, j'ai dessein de l'épouser moi-même.

FRONTIN

Je vous entends bien, quand je l'aurai épousée.

LUCIDOR

Me laisseras-tu dire? Je te présenterai sur le pied[1] d'un homme riche et mon ami, afin de voir si elle m'aimera assez pour le refuser[2].

FRONTIN

Ah! c'est une autre histoire; et cela étant, il y a une chose qui m'inquiète.

LUCIDOR

Quoi?

FRONTIN

C'est qu'en venant, j'ai rencontré près de l'hôtellerie une fille, qui ne m'a pas aperçu, je pense, qui causait sur le pas d'une porte, mais qui m'a bien la mine d'être une certaine Lisette que j'ai connue à Paris il y a quatre ou cinq ans, et qui était à une dame chez qui mon maître allait souvent. Je n'ai vu cette Lisette-là que deux ou trois fois; mais comme elle était jolie, je lui en ai conté tout autant de fois que je l'ai vue, et cela vous grave dans l'esprit d'une fille.

LUCIDOR

Mais vraiment, il y en a une chez madame Argante de ce nom-là, qui est du village, qui y a toute sa famille, et qui a passé en effet quelque temps à Paris avec une dame du pays.

FRONTIN

Ma foi, Monsieur, la friponne me reconnaîtra ; il y a de certaines tournures d'hommes qu'on n'oublie point.

LUCIDOR

Tout le remède que j'y sache, c'est de payer d'effronterie, et de lui persuader qu'elle se trompe.

FRONTIN

Oh, pour l'effronterie, je suis en fonds.

LUCIDOR

N'y a-t-il pas des hommes qui se ressemblent tant, qu'on s'y méprend ?

FRONTIN

Allons, je ressemblerai, voilà tout : mais dites-moi, Monsieur, souffririez-vous un petit mot de représentation ?

LUCIDOR

Parle.

FRONTIN

Quoique à la fleur de votre âge, vous êtes tout à fait sage et raisonnable, il me semble pourtant que votre projet est bien jeune.

LUCIDOR, *fâché.*

Hem[1] ?

FRONTIN

Doucement, vous êtes le fils d'un riche négociant qui vous a laissé plus de cent mille livres de rente[1], et vous pouvez prétendre aux plus grands partis; le minois dont vous parlez est-il fait pour vous appartenir en légitime mariage? Riche comme vous êtes, on peut se tirer de là à meilleur marché, ce me semble.

LUCIDOR

Tais-toi, tu ne connais point celle dont tu parles; il est vrai qu'Angélique n'est qu'une simple bourgeoise de campagne; mais originairement elle me vaut bien, et je n'ai pas l'entêtement des grandes alliances; elle est d'ailleurs si aimable, et je démêle à travers son innocence tant d'honneur et tant de vertu en elle; elle a naturellement un caractère si distingué, que si elle m'aime comme je le crois, je ne serai jamais qu'à elle.

FRONTIN

Comment, si elle vous aime, est-ce que cela n'est pas décidé?

LUCIDOR

Non, il n'a pas encore été question du mot d'amour entre elle et moi; je ne lui ai jamais dit que je l'aime; mais toutes mes façons n'ont signifié que cela; toutes les siennes n'ont été que des expressions du penchant le plus tendre et le plus ingénu. Je tombai malade trois jours après mon arrivée; j'ai été même en quelque danger, je l'ai vue inquiète, alarmée, plus changée que moi; j'ai vu des larmes couler de ses yeux, sans que sa mère s'en aperçût; et depuis que la santé m'est revenue, nous continuons de même;

je l'aime toujours, sans le lui dire, elle m'aime aussi sans m'en parler; et sans vouloir cependant m'en faire un secret, son cœur simple, honnête et vrai n'en sait pas davantage.

FRONTIN

Mais vous, qui en savez plus qu'elle, que ne mettez-vous un petit mot d'amour en avant, il ne gâterait rien?

LUCIDOR

Il n'est pas temps; tout sûr que je suis de son cœur, je veux savoir à quoi je le dois, et si c'est l'homme riche, ou seulement moi qu'on aime, c'est ce que j'éclaircirai par l'épreuve où je vais la mettre; il m'est encore permis de n'appeler qu'amitié tout ce qui est entre nous deux, et c'est de quoi je vais profiter.

FRONTIN

Voilà qui est fort bien; mais ce n'était pas moi qu'il fallait employer.

LUCIDOR

Pourquoi?

FRONTIN

Oh, pourquoi, mettez-vous à la place d'une fille, et ouvrez les yeux, vous verrez pourquoi, il y a cent à parier contre un que je plairai.

LUCIDOR

Le sot, hé bien, si tu plais, j'y remédierai sur-le-champ en te faisant connaître; as-tu apporté les bijoux?

FRONTIN, *fouillant dans sa poche.*

Tenez, voilà tout.

LUCIDOR

Puisque personne ne t'a vu entrer, retire-toi avant que quelqu'un, que je vois dans le jardin, n'arrive, va t'ajuster, et ne reparais[1] que dans une heure ou deux.

FRONTIN

Si vous jouez de malheur, souvenez-vous que je vous l'ai prédit.

SCÈNE II

LUCIDOR, MAÎTRE BLAISE, *qui vient doucement habillé en riche fermier*[2].

LUCIDOR

Il vient à moi, il paraît avoir à me parler.

MAÎTRE BLAISE

Je vous salue, monsieur Lucidor, hé bien, qu'est-ce ? Comment vous va, vous avez bonne maine à cette heure.

LUCIDOR

Oui, je me porte assez bien, monsieur Blaise.

MAÎTRE BLAISE

Faut convenir que voute maladie vous a bian fait du proufit ; vous velà, morgué[3] ! pus rougeaud, pus varmeil ! ça réjouit, ça me plaît à voir.

LUCIDOR

Je vous en suis obligé.

MAÎTRE BLAISE

C'est que j'aime tant la santé des braves gens, alle est si recommandabe, surtout la vôtre qui est la plus recommandabe de tout le monde.

LUCIDOR

Vous avez raison d'y prendre quelque intérêt, je voudrais pouvoir vous être utile à quelque chose.

MAÎTRE BLAISE

Voirement, cette utilité-là est belle et bonne, et je vians tout justement vous prier de m'en gratifier d'une.

LUCIDOR

Voyons.

MAÎTRE BLAISE

Vous savez bian, Monsieur, que je fréquente chez madame Argante, et sa fille Angélique, alle est gentille au moins[1].

LUCIDOR

Assurément.

MAÎTRE BLAISE, *riant.*

Hé, hé, hé, c'est, ne vous déplaise, que je voudrais avoir sa gentillesse en mariage.

LUCIDOR

Vous aimez donc Angélique?

Scène II

MAÎTRE BLAISE

Ah! cette petite criature-là[1] m'affole j'en pards si peu d'esprit que j'ai; quand il fait jour, je pense à elle; quand il fait nuit, j'en rêve, il faut du remède à ça, et je vians envars vous à celle fin, par voute moyen, pour l'honneur et le respect qu'en vous porte[2] ici, sauf voute grâce, et si ça ne vous torne pas à importunité, de me favoriser de queuques bonnes paroles auprès de sa mère, dont j'ai itou besoin de la faveur.

LUCIDOR

Je vous entends, vous souhaitez que j'engage madame Argante à vous donner sa fille, et Angélique vous aime-t-elle?

MAÎTRE BLAISE

Oh dame, quand parfois je li conte ma chance[3], alle rit de tout son cœur et me plante là, c'est bon signe, n'est-ce pas?

LUCIDOR

Ni bon, ni mauvais; au surplus, comme je crois que madame Argante a peu de bien, que vous êtes fermier de plusieurs terres, fils de fermier vous-même[4].

MAÎTRE BLAISE

Et que je sis encore une jeunesse, car je n'ons que trente ans, et d'himeur folichonne, un Roger-Bontemps[5].

LUCIDOR

Le parti pourrait convenir sans une difficulté.

MAÎTRE BLAISE

Laqueulle ?

LUCIDOR

C'est qu'en revanche des soins que madame Argante et toute sa maison ont eu de moi pendant ma maladie, j'ai songé à marier Angélique à quelqu'un de fort riche, qui va se présenter, qui ne veut précisément épouser qu'une fille de campagne, de famille honnête[1], et qui ne se soucie pas qu'elle ait du bien.

MAÎTRE BLAISE

Morgué, vous me faites là un vilain tour avec votre avisement, monsieur Lucidor ; velà qui m'est bian rude, bian chagrinant et bian traître. Jarnigué[2], soyons bons, je l'approuve, mais ne foulons[3] parsonne, je sis voute prochain autant qu'un autre, et ne faut pas peser sur ceti-ci, pour alléger ceti-là, moi qui avais tant de peur que vous ne mouriez ; c'était bian la peine de venir vingt fois demander, comment va-t-il, comment ne va-t-il pas, velà-t-il pas une santé qui m'est bian chanceuse[4], après vous avoir mené moi-même ceti-là, qui vous a tiré deux fois du sang, et qui est mon cousin, afin que vous le sachiez, mon propre cousin gearmain[5] ; ma mère était sa tante, et jarni[6] ce n'est pas bian fait à vous.

LUCIDOR

Votre parenté avec lui n'ajoute rien à l'obligation que je vous ai.

MAÎTRE BLAISE

Sans compter que c'est cinq bonnes mille livres

que vous m'ôtez, comme un sou, et que la petite aura en mariage.

LUCIDOR

Calmez-vous, est-ce cela que vous en espérez? Hé bien, je vous en donne douze pour en épouser une autre, et pour vous dédommager du chagrin que je vous fais.

MAÎTRE BLAISE, *étonné.*

Quoi? douze mille livres d'argent sec.

LUCIDOR

Oui, je vous les promets, sans vous ôter cependant la liberté de vous présenter pour Angélique; au contraire, j'exige même que vous la demandiez à madame Argante, je l'exige, entendez-vous; car si vous plaisez à Angélique, je serais très fâché de la priver d'un homme qu'elle aimerait.

MAÎTRE BLAISE, *se frottant les yeux de surprise.*

Eh mais, c'est comme un prince qui parle, douze mille livres? les bras m'en tombont, je ne saurais me ravoir; allons, Monsieur, boutez-vous là[1], que je me prosterne devant vous, ni plus ni moins[2] que devant un prodige.

LUCIDOR

Il n'est pas nécessaire, point de compliments, je vous tiendrai parole.

MAÎTRE BLAISE

Après que j'ons été si malappris, si brutal. Eh!

dites-moi, roi que vous êtes, si par aventure, Angélique me chérit, j'aurons donc la femme et les douze mille francs avec ?

LUCIDOR

Ce n'est pas tout à fait cela, écoutez-moi, je prétends, vous dis-je, que vous vous proposiez pour Angélique, indépendamment du mari que je lui offrirai ; si elle vous accepte, comme alors je n'aurai fait aucun tort à votre amour, je ne vous donnerai rien ; si elle vous refuse, les douze mille francs sont à vous.

MAÎTRE BLAISE

Alle me refusera, Monsieur, alle me refusera ; le ciel m'en fera la grâce à cause de vous, qui le désirez.

LUCIDOR

Prenez garde, je vois bien qu'à cause des douze mille francs, vous ne demandez déjà pas mieux que d'être refusé.

MAÎTRE BLAISE

Hélas ! peut-être bien que la somme m'étourdit un petit brin ; j'en sis friand, je le confesse, alle est si consolante.

LUCIDOR

Je mets cependant encore une condition à notre marché, c'est que vous feigniez de l'empressement pour obtenir Angélique, et que vous continuiez de paraître amoureux d'elle.

MAÎTRE BLAISE

Oui, Monsieur, je serons fidèle à ça, mais j'ons bonne espérance de n'être pas daigne d'elle, et mêmement j'avons opinion si alle osait, qu'alle vous aimerait plus que parsonne[1].

LUCIDOR

Moi, maître Blaise, vous me surprenez, je ne m'en suis pas aperçu, vous vous trompez; en tout cas, si elle ne veut pas de vous, souvenez-vous de lui faire ce petit reproche-là, je serais bien aise de savoir ce qui en est par pure curiosité.

MAÎTRE BLAISE

En n'y manquera pas, en li reprochera devant vous drès que[2] Monsieur le commande.

LUCIDOR

Et comme je ne vous crois pas mal à propos glorieux[3], vous me ferez plaisir aussi de jeter vos vues sur Lisette, que sans compter les douze mille francs, vous ne vous repentirez pas d'avoir choisi[4], je vous en avertis.

MAÎTRE BLAISE

Hélas! il n'y a qu'à dire, en se revirera[5] itou sur elle, je l'aimerai par mortification.

LUCIDOR

J'avoue qu'elle sert madame Argante, mais elle n'est pas de moindre condition que les autres filles du village.

MAÎTRE BLAISE

Eh voirement, alle en est née native.

LUCIDOR

Jeune et bien faite d'ailleurs.

MAÎTRE BLAISE

Charmante, Monsieur verra l'appétit que je prends déjà pour elle.

LUCIDOR

Mais je vous ordonne une chose ; c'est de ne lui dire que vous l'aimez qu'après qu'Angélique se sera expliquée sur votre compte, il ne faut pas que Lisette sache vos desseins auparavant.

MAÎTRE BLAISE

Laissez faire à Blaise, en li parlant, je li dirai des propos où elle ne comprenra rin ; la velà, vous plaît-il que je m'en aille.

LUCIDOR

Rien ne vous empêche de rester.

SCÈNE III

LUCIDOR, MAÎTRE BLAISE, LISETTE

LISETTE

Je viens d'apprendre, Monsieur, par le petit garçon de notre vigneron[1], qu'il vous était arrivé une visite de Paris.

LUCIDOR

Oui, c'est un de mes amis qui vient me voir.

LISETTE

Dans quel appartement du château souhaitez-vous qu'on le loge?

LUCIDOR

Nous verrons quand il sera revenu de l'hôtellerie où il est retourné, où est Angélique, Lisette?

LISETTE

Il me semble l'avoir vue dans le jardin, qui s'amusait à cueillir des fleurs.

LUCIDOR, *en montrant Blaise.*

Voici un homme qui est de bonne volonté pour elle, qui a grande envie de l'épouser, et je lui demandais si elle avait de l'inclination pour lui; qu'en pensez-vous?

MAÎTRE BLAISE

Oui, de queul avis êtes-vous touchant ça belle brunette, ma mie.

LISETTE

Eh mais, autant que j'en puis juger, mon avis est que jusqu'ici elle n'a rien dans le cœur pour vous.

MAÎTRE BLAISE, *gaiement.*

Rian du tout, c'est ce que je disais? que mademoiselle Lisette a **de** jugement!

LISETTE

Ma réponse n'a rien de trop flatteur, mais je ne saurais en faire une autre.

MAÎTRE BLAISE, *cavalièrement.*

C'telle-là est belle et bonne, et je m'y accorde. J'aime qu'on soit franc, et en effet, queul mérite avons-je pour li plaire à cette enfant?

LISETTE

Ce n'est pas que vous ne valiez votre prix, monsieur Blaise : mais je crains que madame Argante ne vous trouve pas assez de bien pour sa fille.

MAÎTRE BLAISE, *et en riant.*

Ça est vrai, pas assez de bian, pus vous allez, mieux vous dites.

LISETTE

Vous me faites rire avec votre air joyeux.

LUCIDOR

C'est qu'il n'espère pas grand-chose.

MAÎTRE BLAISE

Oui, velà ce que c'est, et pis, tout ce qui viant je le prends. (*À Lisette.*) Le biau brin de fille que vous êtes.

LISETTE

La tête lui tourne, ou il y a là quelque chose que je n'entends pas.

MAÎTRE BLAISE

Stependant[1], je me baillerai[2] bian du tourment

pour avoir Angélique, et il en pourra venir que je l'aurons, ou bian que je ne l'aurons pas, faut mettre les deux pour deviner juste.

LISETTE, *en riant.*

Vous êtes un très grand devin.

LUCIDOR

Quoi qu'il en soit, j'ai aussi un parti à lui offrir, mais un très bon parti, il s'agit d'un homme du monde, et voilà pourquoi je m'informe si elle n'aime personne.

LISETTE

Dès que vous vous mêlez de l'établir[1], je pense bien qu'elle s'en tiendra là.

LUCIDOR

Adieu Lisette, je vais faire un tour dans la grande allée ; quand Angélique sera venue, je vous prie de m'en avertir. Soyez persuadée, à votre égard, que je ne m'en retournerai point à Paris sans récompenser le zèle que vous m'avez marqué.

LISETTE

Vous avez bien de la bonté, Monsieur.

LUCIDOR, *à maître Blaise en s'en allant et à part.*

Ménagez vos termes avec Lisette, maître Blaise.

MAÎTRE BLAISE

Aussi fais-je, je n'y mets pas le sens commun.

SCÈNE IV

MAÎTRE BLAISE, LISETTE

LISETTE

Ce monsieur Lucidor a le meilleur cœur du monde.

MAÎTRE BLAISE

Oh, un cœur magnifique[1], un cœur tout d'or; au surplus, comment vous portez-vous, mademoiselle Lisette.

LISETTE, *riant.*

Hé, que voulez-vous dire avec votre compliment, maître Blaise, vous tenez depuis un moment des discours bien étranges.

MAÎTRE BLAISE

Oui, j'ons des manières fantaxes[2], et ça vous étonne, n'est-ce pas, je m'en doute bian. (*Et par réflexion.*) Que vous êtes agriable.

LISETTE

Que vous êtes original[3] avec votre agréable! Comme il me regarde; en vérité vous extravaguez.

MAÎTRE BLAISE

Tout au contraire, c'est ma prudence qui vous contemple.

LISETTE

Hé bien, contemplez, voyez, ai-je aujourd'hui le visage autrement fait que je l'avais hier?

MAÎTRE BLAISE

Non, c'est moi qui le vois mieux que de coutume; il est tout nouviau pour moi.

LISETTE, *voulant s'en aller.*

Eh, que le ciel vous bénisse.

MAÎTRE BLAISE, *l'arrêtant.*

Attendez donc?

LISETTE

Eh, que me voulez-vous? C'est se moquer que de vous entendre; on dirait que vous m'en contez; je sais bien que vous êtes un fermier à votre aise, et que je ne suis pas pour vous, de quoi s'agit-il donc?

MAÎTRE BLAISE

De m'acouter sans y voir goutte, et de dire à part vous, Ouais, faut qu'il y ait un secret à ça.

LISETTE

Et à propos de quoi un secret, vous ne me dites rien d'intelligible.

MAÎTRE BLAISE

Non, c'est fait exprès, c'est résolu.

LISETTE

Voilà qui est bien particulier[1]; ne recherchez-vous pas Angélique?

MAÎTRE BLAISE

Ça est itou conclu.

LISETTE

Plus je rêve[1] et plus je m'y perds.

MAÎTRE BLAISE

Faut que vous vous y perdiais.

LISETTE

Mais pourquoi me trouver si agréable ; par quel accident le remarquez-vous plus qu'à l'ordinaire ? Jusqu'ici vous n'avez pas pris garde si je l'étais ou non. Croirai-je que vous êtes tombé subitement amoureux de moi, je ne vous en empêche pas.

MAÎTRE BLAISE, *vite et vivement.*

Je ne dis pas que je vous aime.

LISETTE, *riant*[2].

Que dites-vous donc ?

MAÎTRE BLAISE

Je ne vous dis pas que je ne vous aime point, ni l'un ni l'autre, vous m'en êtes témoin ; j'ons donné ma parole, je marche droit en besogne, voyez-vous, il n'y a pas à rire à ça ; je ne dis rin, mais je pense, et je vais répétant, que vous êtes agriable.

LISETTE, *étonnée et le regardant.*

Je vous regarde à mon tour, et si je ne me figurais pas que vous êtes timbré, en vérité, je soupçonnerais que vous ne me haïssez pas.

MAÎTRE BLAISE

Oh, soupçonnez, croyez, persuadez-vous, il n'y aura pas de mal, pourvu qu'il n'y ait pas de ma faute, et que ça vienne de vous toute seule, sans que je vous aide.

LISETTE

Qu'est-ce que cela signifie ?

MAÎTRE BLAISE

Et mêmement, à vous parmis de m'aimer, par exemple, j'y consens encore ; si le cœur vous y porte, ne vous retenez pas, je vous lâche la bride là-dessus ; il n'y aura rian de pardu.

LISETTE

Le plaisant compliment ! Eh ! quel avantage en tirerais-je ?

MAÎTRE BLAISE

Oh dame, je sis bridé, moi[1], ce n'est pas comme vous, je ne saurais parler pus clair ; voici venir Angélique, laissez-moi li toucher un petit mot d'affection, sans que ça empêche que vous soyez gentille.

LISETTE

Ma foi, votre tête est dérangée, monsieur Blaise, je n'en rabats rien.

SCÈNE V

ANGÉLIQUE, LISETTE, MAÎTRE BLAISE

ANGÉLIQUE, *un bouquet à la main.*

Bonjour, monsieur Blaise, est-il vrai, Lisette, qu'il est venu quelqu'un de Paris pour monsieur Lucidor ?

LISETTE

Oui, à ce que j'ai su.

ANGÉLIQUE

Dit-on que ce soit pour l'emmener à Paris qu'on est venu.

LISETTE

C'est ce que je ne sais pas, monsieur Lucidor ne m'en a rien appris.

MAÎTRE BLAISE

Il n'y a pas d'apparence, il veut auparavant vous marier dans l'opulence, à ce qu'il dit.

ANGÉLIQUE

Me marier, monsieur Blaise, et à qui donc, s'il vous plaît?

MAÎTRE BLAISE

La personne[1] n'a pas encore de nom.

LISETTE

Il parle vraiment d'un très grand mariage; il s'agit d'un homme du monde, et il ne dit pas qui c'est, ni d'où il viendra.

ANGÉLIQUE, *d'un air content et discret.*

D'un homme du monde qu'il ne nomme pas.

LISETTE

Je vous rapporte ses propres termes.

ANGÉLIQUE

Hé bien, je n'en suis pas inquiète, on le connaîtra tôt ou tard.

MAÎTRE BLAISE

Ce n'est pas moi, toujours.

ANGÉLIQUE

Oh, je le crois bien, ce serait là un beau mystère, vous n'êtes qu'un homme des champs, vous.

MAÎTRE BLAISE

Stapendant j'ons mes prétentions itou, mais je ne me cache pas, je dis mon nom, je me montre, en publiant que je suis amoureux de vous, vous le savez bian.

Lisette lève les épaules.

ANGÉLIQUE

Je l'avais oublié.

MAÎTRE BLAISE

Me velà pour vous en aviser derechef, vous souciez-vous un peu de ça, mademoiselle Angélique ?

Lisette boude.

ANGÉLIQUE

Hélas ! guère.

MAÎTRE BLAISE

Guierre[1], c'est toujours queuque chose, prenez-y garde au moins, car je vais me douter, sans façon, que je vous plais.

ANGÉLIQUE

Je ne vous le conseille pas, monsieur Blaise; car il me semble que non.

MAÎTRE BLAISE

Ah, bon ça, velà qui se comprend, c'est pourtant fâcheux, voyez-vous, ça me chagraine; mais n'importe, ne vous gênez pas, je revianrai tantôt pour savoir si vous désirez que j'en parle à madame Argante, ou s'il faudra que je m'en taise; ruminez ça à part vous, et faites à votre guise, bonjour. (*Et à Lisette, à part.*) Que vous êtes avenante!

LISETTE, *en colère.*

Quelle cervelle!

SCÈNE VI

LISETTE, ANGÉLIQUE

ANGÉLIQUE

Heureusement, je ne crains pas son amour, quand il me demanderait à ma mère, il n'en sera pas plus avancé.

LISETTE

Lui, c'est un conteur de sornettes, qui ne convient pas à une fille comme vous.

ANGÉLIQUE

Je ne l'écoute pas; mais dis-moi, Lisette, monsieur Lucidor parle donc sérieusement d'un mari?

LISETTE

Mais d'un mari distingué, d'un établissement considérable.

ANGÉLIQUE

Très considérable, si c'est ce que je soupçonne.

LISETTE

Eh, que soupçonnez-vous?

ANGÉLIQUE

Oh, je rougirais trop, si je me trompais.

LISETTE

Ne serait-ce pas lui, par hasard, que vous vous imaginez être l'homme en question, tout grand seigneur qu'il est par ses richesses?

ANGÉLIQUE

Bon, lui, je ne sais pas seulement moi-même ce que je veux dire, on rêve[1], on promène sa pensée, et puis c'est tout; on le verra, ce mari, je ne l'épouserai pas sans le voir.

LISETTE

Quand ce ne serait qu'un de ses amis, ce serait toujours une grande affaire; à propos, il m'a recommandé d'aller l'avertir quand vous seriez venue, et il m'attend dans l'allée.

ANGÉLIQUE

Eh, va donc, à quoi t'amuses-tu là? Pardi tu fais bien les commissions qu'on te donne, il n'y sera peut-être plus.

LISETTE

Tenez, le voilà lui-même.

SCÈNE VII

ANGÉLIQUE, LUCIDOR, LISETTE

LUCIDOR

Y a-t-il longtemps que vous êtes ici Angélique ?

ANGÉLIQUE

Non, Monsieur, il n'y a qu'un moment que je sais que vous avez envie de me parler, et je la querellais de ne me l'avoir pas dit plus tôt.

LUCIDOR

Oui, j'ai à vous entretenir d'une chose assez importante.

LISETTE

Est-ce en secret ? M'en irai-je ?

LUCIDOR

Il n'y a pas de nécessité que vous restiez.

ANGÉLIQUE

Aussi bien je crois que ma mère aura besoin d'elle.

LISETTE

Je me retire donc.

SCÈNE VIII

LUCIDOR, ANGÉLIQUE

Lucidor la regardant attentivement.

ANGÉLIQUE, *en riant.*

À quoi songez-vous donc en me considérant si fort ?

LUCIDOR

Je songe que vous embellissez tous les jours.

ANGÉLIQUE

Ce n'était pas de même quand vous étiez malade ; à propos, je sais que vous aimez les fleurs, et je pensais à vous aussi en cueillant ce petit bouquet ; tenez, Monsieur, prenez-le[1].

LUCIDOR

Je ne le prendrai que pour vous le rendre, j'aurai plus de plaisir à vous le voir.

ANGÉLIQUE *prend*[2].

Et moi à cette heure que je l'ai reçu, je l'aime mieux qu'auparavant.

LUCIDOR

Vous ne répondez jamais rien que d'obligeant.

ANGÉLIQUE

Ah! cela est si aisé avec de certaines personnes ; mais que me voulez-vous donc ?

LUCIDOR

Vous donner des témoignages de l'extrême amitié que j'ai pour vous, à condition qu'avant tout, vous m'instruirez de l'état de votre cœur.

ANGÉLIQUE

Hélas, le compte en sera bientôt fait, je ne vous en dirai rien de nouveau; ôtez notre amitié que vous savez bien, il n'y a rien dans mon cœur, que je sache, je n'y vois qu'elle.

LUCIDOR

Vos façons de parler me font tant de plaisir, que j'en oublie presque ce que j'ai à vous dire.

ANGÉLIQUE

Comment faire, vous oublierez donc toujours, à moins que je ne me taise; je ne connais point d'autre secret.

LUCIDOR

Je n'aime point ce secret-là; mais poursuivons: il n'y a encore environ que sept semaines que je suis ici.

ANGÉLIQUE

Y a-t-il tant que cela? Que le temps passe vite! Après.

LUCIDOR

Et je vois quelquefois bien des jeunes gens du pays qui vous font la cour; lequel de tous distinguez-vous parmi eux? Confiez-moi ce qui en est comme au meilleur ami que vous ayez.

ANGÉLIQUE

Je ne sais pas, Monsieur, pourquoi vous pensez que j'en distingue, des jeunes gens qui me font la cour; est-ce que je les remarque? Est-ce que je les vois? Ils perdent donc bien leur temps.

LUCIDOR

Je vous crois, Angélique.

ANGÉLIQUE

Je ne me souciais d'aucun quand vous êtes venu ici, et je ne m'en soucie pas davantage depuis que vous y êtes, assurément.

LUCIDOR

Êtes-vous aussi indifférente pour maître Blaise, ce jeune fermier, qui veut vous demander en mariage, à ce qu'il m'a dit?

ANGÉLIQUE

Il me demandera en ce qui lui plaira[1], mais en un mot tous ces gens-là me déplaisent depuis le premier jusqu'au dernier, principalement lui, qui me reprochait l'autre jour que nous nous parlions trop souvent tous deux, comme s'il n'était pas bien naturel de se plaire plus en votre compagnie, qu'en la sienne; que cela est sot!

LUCIDOR

Si vous ne haïssez pas de me parler, je vous le rends bien, ma chère Angélique : quand je ne vous vois pas, vous me manquez, et je vous cherche.

ANGÉLIQUE

Vous ne cherchez pas longtemps, car je reviens bien vite, et ne sors guère.

LUCIDOR

Quand vous êtes revenue, je suis content.

ANGÉLIQUE

Et moi, je ne suis pas mélancolique.

LUCIDOR

Il est vrai, j'avoue avec joie[1] que votre amitié répond à la mienne.

ANGÉLIQUE

Oui, mais malheureusement vous n'êtes pas de notre village, et vous retournerez peut-être bientôt à votre Paris, que je n'aime guère. Si j'étais à votre place, il me viendrait plutôt chercher, que je n'irais le voir.

LUCIDOR

Eh, qu'importe, que j'y retourne ou non, puisqu'il ne tiendra qu'à vous que nous y soyons tous deux.

ANGÉLIQUE

Tous deux, monsieur Lucidor, eh mais, contez-moi donc comme quoi[2] ?

LUCIDOR

C'est que je vous destine un mari qui y demeure.

ANGÉLIQUE

Est-il possible? Ah çà, ne me trompez pas au moins, tout le cœur me bat; loge-t-il avec vous?

LUCIDOR

Oui, Angélique, nous sommes dans la même maison.

ANGÉLIQUE

Ce n'est pas assez, je n'ose encore être bien aise en toute confiance. Quel homme est-ce?

LUCIDOR

Un homme très riche.

ANGÉLIQUE

Ce n'est pas là le principal; après.

LUCIDOR

Il est de mon âge et de ma taille.

ANGÉLIQUE

Bon, c'est ce que je voulais savoir.

LUCIDOR

Nos caractères se ressemblent, il pense comme moi.

ANGÉLIQUE

Toujours de mieux en mieux, que je l'aimerai!

LUCIDOR

C'est un homme tout aussi uni, tout aussi sans façon que je le suis.

ANGÉLIQUE

Je n'en veux point d'autre.

LUCIDOR

Qui n'a ni ambition ni gloire[1], et qui n'exigera de celle qu'il épousera, que son cœur.

ANGÉLIQUE, *riant.*

Il l'aura, monsieur Lucidor, il l'aura, il l'a déjà ; je l'aime autant que vous, ni plus, ni moins.

LUCIDOR

Vous aurez le sien, Angélique, je vous en assure, je le connais, c'est tout comme s'il vous le disait lui-même.

ANGÉLIQUE

Eh, sans doute, et moi je réponds aussi comme s'il était là.

LUCIDOR

Ah, que de l'humeur dont il est, vous allez le rendre heureux !

ANGÉLIQUE

Ah, je vous promets bien qu'il ne sera pas heureux tout seul.

LUCIDOR

Adieu, ma chère Angélique ; il me tarde d'entretenir votre mère, et d'avoir son consentement. Le plaisir que me fait ce mariage ne me permet pas de différer davantage ; mais avant que je vous quitte, acceptez de moi ce petit présent de noce, que j'ai droit de vous offrir, suivant l'usage, et en qualité d'ami; ce sont de petits bijoux que j'ai fait venir de Paris.

ANGÉLIQUE

Et moi, je les prends, parce qu'ils y retourneront avec vous, et que nous y serons ensemble; mais il ne fallait point de bijoux, c'est votre amitié qui est le véritable.

LUCIDOR

Adieu, belle Angélique, votre mari ne tardera pas à paraître.

ANGÉLIQUE

Courez donc, afin qu'il vienne plus vite.

SCÈNE IX

ANGÉLIQUE, LISETTE

LISETTE

Hé bien, Mademoiselle, êtes-vous instruite? À qui vous marie-t-on?

ANGÉLIQUE

À lui, ma chère Lisette, à lui-même, et je l'attends.

LISETTE

À lui, dites-vous? Et quel est donc cet homme qui s'appelle lui, par excellence? Est-ce qu'il est ici?

ANGÉLIQUE

Et[1], tu as dû le rencontrer ; il va trouver ma mère.

LISETTE

Je n'ai vu que monsieur Lucidor, et ce n'est pas lui qui vous épouse.

ANGÉLIQUE

Eh si fait, voilà vingt fois que je te le répète ; si tu savais comme nous nous sommes parlé, comme nous nous entendions bien sans qu'il ait dit : C'est moi ; mais cela était si clair, si clair, si agréable, si tendre.

LISETTE

Je ne l'aurais jamais imaginé, mais le voici encore.

SCÈNE X

LUCIDOR, FRONTIN, LISETTE, ANGÉLIQUE

LUCIDOR

Je reviens, belle Angélique ; en allant chez votre mère, j'ai trouvé Monsieur qui arrivait, et j'ai cru qu'il n'y avait rien de plus pressé que de vous l'amener ; c'est lui, c'est ce mari pour qui vous êtes si favorablement prévenue, et qui, par le rapport de nos caractères, est en effet un autre moi-même ; il m'a apporté aussi le portrait d'une jeune et jolie personne qu'on veut me faire épouser à Paris. (*Il le lui présente.*) Jetez les yeux dessus : comment le trouvez-vous ?

ANGÉLIQUE, *d'un air mourant le repousse.*

Je ne m'y connais pas.

LUCIDOR

Adieu, je vous laisse ensemble, et je cours chez madame Argante. (*Il s'approche d'elle.*) Êtes-vous contente?

> *Angélique, sans lui répondre, tire la boîte aux bijoux, et la lui rend sans le regarder; elle la met dans sa main, et il s'arrête comme surpris[1], et sans la lui remettre, après quoi il sort.*

SCÈNE XI

ANGÉLIQUE, FRONTIN, LISETTE

> *Angélique reste immobile; Lisette tourne autour de Frontin avec surprise, et Frontin paraît embarrassé.*

FRONTIN

Mademoiselle, l'étonnante immobilité[2] où je vous vois, intimide extrêmement mon inclination naissante; vous me découragez tout à fait, et je sens que je perds la parole.

LISETTE

Mademoiselle est immobile, vous, muet, et moi stupéfaite; j'ouvre les yeux, je regarde, et je n'y comprends rien.

ANGÉLIQUE, *tristement*.

Lisette, qui est-ce qui l'aurait cru ?

LISETTE

Je ne le crois pas, moi qui le vois.

FRONTIN

Si la charmante Angélique daignait seulement jeter un regard sur moi, je crois que je ne lui ferais point de peur, et peut-être y reviendrait-elle : on s'accoutume aisément à me voir, j'en ai l'expérience ; essayez-en.

ANGÉLIQUE, *sans le regarder*.

Je ne saurais ; ce sera pour une autre fois : Lisette, tenez compagnie à Monsieur, je lui demande pardon, je ne me sens pas bien, j'étouffe, et je vais me retirer dans ma chambre.

SCÈNE XII

LISETTE, FRONTIN

FRONTIN, *à part*.

Mon mérite a manqué son coup.

LISETTE, *à part*.

C'est Frontin, c'est lui-même.

FRONTIN, *les premiers mots à part*.

Voici le plus fort de ma besogne ici ; ma mie, que dois-je conjecturer d'un aussi langoureux[1] accueil ?

(*Elle ne répond pas, et le regarde. Il continue.*) Hé bien, répondez donc? Allez-vous me dire aussi que ce sera pour une autre fois?

LISETTE

Monsieur, ne t'ai-je pas vu quelque part?

FRONTIN

Comment donc? Ne t'ai-je pas vu quelque part? Ce village-ci est bien familier.

LISETTE, *à part les premiers mots.*

Est-ce que je me tromperais? Monsieur, excusez-moi; mais n'avez-vous jamais été à Paris chez une madame Dorman, où j'étais?

FRONTIN

Qu'est-ce que c'est que madame Dorman? Dans quel quartier?

LISETTE

Du côté de la place Maubert[1], chez un marchand de café, au second.

FRONTIN

Une place Maubert, une madame Dorman, un second, non mon enfant, je ne connais point cela, et je prends toujours mon café chez moi.

LISETTE

Je ne dis plus mot, mais j'avoue que je vous ai pris pour Frontin, et il faut que je me fasse toute la violence du monde pour m'imaginer que ce n'est point lui.

FRONTIN

Frontin, mais c'est un nom de valet.

LISETTE

Oui, Monsieur, et il m'a semblé que c'était toi... que c'était vous, dis-je.

FRONTIN

Quoi? toujours des tu et des toi, vous me lassez à la fin.

LISETTE

J'ai tort, mais tu lui ressembles si fort... Eh, Monsieur, pardon. Je retombe toujours; quoi? tout de bon, ce n'est pas toi... je veux dire, ce n'est pas vous?

FRONTIN, *riant*.

Je crois que le plus court est d'en rire moi-même; allez, ma fille, un homme moins raisonnable et de moindre étoffe[1], se fâcherait; mais je suis trop au-dessus de votre méprise, et vous me divertiriez beaucoup, n'était le désagrément[2] qu'il y a d'avoir une physionomie commune avec ce coquin-là. La nature pouvait se passer de lui donner le double de la mienne, et c'est un affront qu'elle m'a fait, mais ce n'est pas votre faute; parlons de votre maîtresse.

LISETTE

Oh, Monsieur, n'y ayez point de regret; celui pour qui je vous prenais est un garçon fort aimable, fort amusant, plein d'esprit, et d'une très jolie figure.

FRONTIN

J'entends bien, la copie est parfaite.

LISETTE

Si parfaite, que je n'en reviens point, et tu serais le plus grand maraud... Monsieur, je me brouille encore, la ressemblance m'emporte.

FRONTIN

Ce n'est rien, je commence à m'y faire, ce n'est pas à moi à qui[1] vous parlez.

LISETTE

Non, Monsieur, c'est à votre copie, et je voulais dire qu'il aurait grand tort de me tromper; car je voudrais de tout mon cœur que ce fût lui; je crois qu'il m'aimait, et je le regrette.

FRONTIN

Vous avez raison, il en valait bien la peine; (*et à part*:) Que cela est flatteur!

LISETTE

Voilà qui est bien particulier[2], à chaque fois que vous parlez, il me semble l'entendre.

FRONTIN

Vraiment, il n'y a rien là de surprenant; dès qu'on se ressemble, on a le même son de voix, et volontiers les mêmes inclinations; il vous aimait, dites-vous, et je ferais comme lui, sans l'extrême distance qui nous sépare.

LISETTE

Hélas, je me réjouissais en croyant l'avoir retrouvé.

FRONTIN, *à part le premier mot.*

Oh?... Tant d'amour sera récompensé, ma belle enfant, je vous le prédis; en attendant, vous ne perdrez pas tout, je m'intéresse à vous, et je vous rendrai service; ne vous mariez point sans me consulter.

LISETTE

Je sais garder un secret; Monsieur, dites-moi si c'est toi?

FRONTIN, *en s'en allant.*

Allons, vous abusez de ma bonté; il est temps que je me retire; (*et après*:) Ouf, le rude assaut[1]!

SCÈNE XIII

LISETTE, *un moment seule*, MAÎTRE BLAISE

LISETTE

Je m'y suis pris[2] de toutes façons, et ce n'est pas lui sans doute, mais il n'y a jamais rien eu de pareil: quand ce serait lui au reste, maître Blaise est bien un autre parti, si il[3] m'aime.

MAÎTRE BLAISE

Hé bien, fillette, à quoi en suis-je avec Angélique?

LISETTE

Au même état où vous étiez tantôt.

MAÎTRE BLAISE, *en riant.*

Hé mais, tant pire, ma grande fille.

LISETTE

Ne me direz-vous point ce que peut signifier le tant pis[1] que vous dites en riant?

MAÎTRE BLAISE

C'est que je ris de tout, mon poulet.

LISETTE

En tout cas, j'ai un avis à vous donner, c'est qu'Angélique ne paraît pas disposée à accepter le mari que monsieur Lucidor lui destine, et qui est ici, et que si dans ces circonstances, vous continuez à la rechercher, apparemment vous l'obtiendrez.

MAÎTRE BLAISE, *tristement.*

Croyez-vous? Eh mais, tant mieux.

LISETTE

Oh, vous m'impatientez avec vos tant mieux si tristes, et vos tant pis si gaillards[2], et le tout en m'appelant ma grande fille, et mon poulet; il faut, s'il vous plaît, que j'en aie le cœur net, monsieur Blaise, pour la dernière fois, est-ce que vous m'aimez?

MAÎTRE BLAISE

Il n'y a pas encore de réponse à ça.

LISETTE

Vous vous moquez donc de moi?

MAÎTRE BLAISE

Velà une mauvaise pensée.

LISETTE

Avez-vous toujours dessein de demander Angélique en mariage ?

MAÎTRE BLAISE

Le micmac le requiert.

LISETTE

Le micmac, et si on vous la refuse, en serez-vous fâché ?

MAÎTRE BLAISE, *riant.*

Oui-da.

LISETTE

En vérité, dans l'incertitude où vous me tenez de vos sentiments, que voulez-vous que je réponde aux douceurs que vous me dites ? Mettez-vous à ma place ?

MAÎTRE BLAISE

Boutez-vous[1] à la mienne.

LISETTE

Eh, quelle est-elle ? car si vous êtes de bonne foi, si effectivement vous m'aimez[2].

MAÎTRE BLAISE, *riant.*

Oui, je suppose.

LISETTE

Vous jugez bien que je n'aurais pas[3] le cœur ingrat.

MAÎTRE BLAISE, *riant.*

Hé hé hé hé… Lorgnez-moi un peu que je voie si ça est vrai.

LISETTE

Qu'en ferez-vous ?

MAÎTRE BLAISE

Hé hé… Je le garde[1]. La gentille enfant, queu dommage de laisser ça dans la peine !

LISETTE

Quelle obscurité ! Voilà madame Argante et monsieur Lucidor, il est apparemment question du mariage d'Angélique avec l'amant qui lui est venu ; la mère voudra qu'elle l'épouse ; et si elle obéit, comme elle y sera peut-être obligée, il ne sera plus nécessaire que vous la demandiez, ainsi retirez-vous, je vous prie.

MAÎTRE BLAISE

Oui, mais je sis d'obligation aussi de revenir voir ce qui en est, pour me comporter à l'avenant.

LISETTE, *fâchée.*

Encore, oh votre énigme est d'une impertinence qui m'indigne.

MAÎTRE BLAISE, *riant et s'en allant.*

C'est pourtant douze mille francs qui vous fâchent.

LISETTE, *le voyant aller.*

Douze mille francs, où va-t-il prendre ce qu'il dit

là ? Je commence à croire qu'il y a quelque motif à cela.

SCÈNE XIV

MADAME ARGANTE, LUCIDOR, FRONTIN,
LISETTE

MADAME ARGANTE, *en entrant à Frontin.*

Eh, Monsieur, ne vous rebutez point, il n'est pas possible qu'Angélique ne se rende ; il n'est pas possible. (*À Lisette.*) Lisette, vous étiez présente quand Monsieur a vu ma fille ; est-il vrai qu'elle ne l'ait pas bien reçu ? Qu'a-t-elle donc dit ? Parlez, a-t-il lieu de se plaindre ?

LISETTE

Non, Madame, je ne me suis point aperçu de mauvaise réception ; il n'y a eu qu'un étonnement naturel à une jeune et honnête fille, qui se trouve, pour ainsi dire, mariée dans la minute ; mais pour le peu que[1] Madame la rassure et s'en mêle, il n'y aura pas la moindre difficulté.

LUCIDOR

Lisette a raison, je pense comme elle.

MADAME ARGANTE

Eh, sans doute, elle est si jeune et si innocente.

FRONTIN

Madame, le mariage en impromptu étonne l'innocence[1], mais ne l'afflige pas, et votre fille est allée se trouver mal dans sa chambre.

MADAME ARGANTE

Vous verrez, Monsieur, vous verrez... Allez, Lisette, dites-lui que je lui ordonne de venir tout à l'heure[2]. Amenez-la ici; partez. (*À Frontin.*) Il faut avoir la bonté de lui pardonner ces premiers mouvements-là, Monsieur, ce ne sera rien.

Lisette part.

FRONTIN

Vous avez beau dire, on a eu tort de m'exposer à cette aventure-ci; il est fâcheux à un galant homme à qui tout Paris jette ses filles à la tête, et qui les refuse toutes, de venir lui-même essuyer les dédains d'une jeune citoyenne de village, à qui on ne demande précisément que sa figure en mariage, votre fille me convient fort; et je rends grâce à mon ami de l'avoir retenue; mais il fallait, en m'appelant, me tenir sa main si prête, et si disposée, que je n'eusse qu'à tendre la mienne pour la recevoir; point d'autre cérémonie.

LUCIDOR

Je n'ai pas dû deviner[3] l'obstacle qui se présente.

MADAME ARGANTE

Eh, Messieurs, un peu de patience; regardez-la dans cette occasion-ci comme un enfant.

SCÈNE XV

LUCIDOR, FRONTIN, ANGÉLIQUE, LISETTE, MADAME ARGANTE

MADAME ARGANTE

Approchez, Mademoiselle, approchez, n'êtes-vous pas bien sensible à l'honneur que vous fait Monsieur, de venir vous épouser, malgré votre peu de fortune et la médiocrité de votre état ?

FRONTIN

Rayons ce mot d'honneur, mon amour et ma galanterie le désapprouvent.

MADAME ARGANTE

Non, Monsieur, je dis la chose comme elle est ; répondez, ma fille.

ANGÉLIQUE

Ma mère...

MADAME ARGANTE

Vite donc.

FRONTIN

Point de ton d'autorité, sinon je reprends mes bottes et monte à cheval. (*À Angélique.*) Vous ne m'avez pas encore regardé, fille aimable, vous n'avez point encore vu ma personne[1], vous la rebutez[2] sans la connaître, voyez-la pour la juger.

ANGÉLIQUE

Monsieur...

MADAME ARGANTE

Monsieur, ma mère, levez la tête.

FRONTIN

Silence, maman, voilà une réponse entamée.

LISETTE

Vous êtes trop heureuse, Mademoiselle, il faut que vous soyez née coiffée.

ANGÉLIQUE, *vivement.*

En tout cas, je ne suis pas née babillarde.

FRONTIN

Vous n'en êtes que plus rare ; allons, Mademoiselle, reprenez haleine, et prononcez.

MADAME ARGANTE

Je dévore ma colère.

LUCIDOR

Que je suis mortifié !

FRONTIN, *à Angélique.*

Courage, encore un effort pour achever.

ANGÉLIQUE

Monsieur, je ne vous connais point.

FRONTIN

La connaissance est si tôt faite en mariage ; c'est un pays où l'on va si vite.

MADAME ARGANTE

Comment étourdie[1], ingrate que vous êtes ?

FRONTIN

Ah ah, madame Argante, vous avez le dialogue d'une rudesse insoutenable.

MADAME ARGANTE

Je sors, je ne pourrais pas me retenir, mais je la déshérite, si elle continue de répondre aussi mal aux obligations que nous vous avons, Messieurs. Depuis que monsieur Lucidor est ici, son séjour n'a été marqué pour nous que par des bienfaits. Pour comble de bonheur, il procure à ma fille un mari tel qu'elle ne pouvait pas l'espérer, ni pour le bien, ni pour le rang, ni pour le mérite.

FRONTIN[2]

Tout doux, appuyez légèrement sur le dernier.

MADAME ARGANTE, *en s'en allant.*

Et merci de ma vie[3], qu'elle l'accepte, ou je la renonce[4].

SCÈNE XVI

LUCIDOR, FRONTIN, ANGÉLIQUE, LISETTE

LISETTE

En vérité, Mademoiselle, on ne saurait vous excuser ; attendez-vous qu'il vous vienne un prince[1] ?

FRONTIN

Sans vanité, voici mon apprentissage ; en fait de refus, je ne connaissais pas cet affront-là.

LUCIDOR

Vous savez, belle Angélique, que je vous ai d'abord consulté sur ce mariage ; je n'y ai pensé que par zèle pour vous, et vous m'en avez paru satisfaite.

ANGÉLIQUE

Oui, Monsieur, votre zèle est admirable, c'est la plus belle chose du monde, et j'ai tort, je suis une étourdie, mais laissez-moi dire. À cette heure que ma mère n'y est plus, et que je suis un peu plus hardie, il est juste que je parle à mon tour, et je commence par vous, Lisette, c'est que[2] je vous prie de vous taire, entendez-vous ; il n'y a rien ici qui vous regarde ; quand il vous viendra un mari, vous en ferez ce qui vous plaira[3], sans que je vous en demande compte, et je ne vous dirai point sottement ni que vous êtes née coiffée, ni que vous être trop heureuse, ni que vous attendez un prince, ni d'autres propos aussi ridicules que vous m'avez tenus, sans savoir ni quoi, ni qu'est-ce.

FRONTIN

Sur sa part, je devine la mienne.

ANGÉLIQUE

La vôtre est toute prête, Monsieur, vous êtes honnête homme[1], n'est-ce pas?

FRONTIN

C'est en quoi je brille.

ANGÉLIQUE

Vous ne voudrez pas causer du chagrin à une fille qui ne vous a jamais fait de mal, cela serait cruel et barbare.

FRONTIN

Je suis l'homme du monde le plus humain, vos pareilles en ont mille preuves.

ANGÉLIQUE

C'est bien fait, je vous dirai donc, Monsieur, que je serais mortifiée s'il fallait vous aimer, le cœur me le dit, on sent cela, non que vous ne soyez fort aimable, pourvu que ce ne soit pas moi qui vous aime, je ne finirai point de vous louer quand ce sera pour un autre[2]; je vous prie de prendre en bonne part ce que je vous dis là, j'y vais de tout mon cœur, ce n'est pas moi qui ai été vous chercher une fois[3]; je ne songeais pas à vous, et si je l'avais pu, il ne m'en aurait pas plus coûté de vous crier : ne venez pas, que de vous dire, allez-vous-en.

FRONTIN

Comme vous me le dites!

ANGÉLIQUE

Oh sans doute, et le plus tôt sera le mieux, mais que vous importe ? vous ne manquerez pas de filles ; quand on est riche, on en a tant qu'on veut, à ce qu'on dit, au lieu que naturellement je n'aime pas l'argent ; j'aimerais mieux en donner que d'en prendre ; c'est là mon humeur.

FRONTIN

Elle est bien opposée à la mienne ; à quelle heure voulez-vous que je parte ?

ANGÉLIQUE

Vous êtes bien honnête[1] ; quand il vous plaira, je ne vous retiens point, il est tard à cette heure, mais il fera beau demain.

FRONTIN, *à Lucidor.*

Mon grand ami, voilà ce qu'on appelle un congé bien conditionné[2], et je le reçois, sauf vos conseils, qui me régleront là-dessus cependant ; ainsi, belle ingrate, je diffère encore mes derniers adieux.

ANGÉLIQUE

Quoi, Monsieur, ce n'est pas fait ? Pardi ! vous avez bon courage. (*Et quand il est parti.*) Votre ami n'a guère de cœur, il me demande à quelle heure il partira, et il reste.

SCÈNE XVII

LUCIDOR, ANGÉLIQUE, LISETTE

LUCIDOR

Il n'est pas si aisé de vous quitter, Angélique ; mais je vous débarrasserai de lui.

LISETTE

Quelle perte ! un homme qui lui faisait sa fortune.

LUCIDOR

Il y a des antipathies insurmontables ; si Angélique est dans ce cas-là, je ne m'étonne point de son refus, et je ne renonce pas au projet de l'établir avantageusement.

ANGÉLIQUE

Eh, Monsieur, ne vous en mêlez pas, il y a des gens qui ne font que nous porter guignon.

LUCIDOR

Vous porter guignon avec les intentions que j'ai, et qu'avez-vous à reprocher à mon amitié ?

ANGÉLIQUE, *à part les premiers mots*[1].

Son amitié, le méchant homme.

LUCIDOR

Dites-moi de quoi vous vous plaignez ?

ANGÉLIQUE

Moi, Monsieur, me plaindre, et qui[2] est-ce qui y

songe ? Où sont les reproches que je vous fais ? Me voyez-vous fâchée ? Je suis très contente de vous, vous en agissez on ne peut pas mieux ; comment donc ? vous m'offrez des maris tant que j'en voudrai ; vous m'en faites venir de Paris sans que j'en demande ; y a-t-il rien là de plus obligeant, de plus officieux ? Il est vrai que je laisse là tous vos mariages ; mais aussi il ne faut pas croire, à cause de vos rares bontés, qu'on soit obligé vite et vite de se donner au premier venu que vous attirerez de je ne sais où, et qui arrivera tout botté pour m'épouser sur votre parole ; il ne faut pas croire cela, je suis fort reconnaissante, mais je ne suis pas idiote.

LUCIDOR

Quoi que vous en disiez, vos discours ont une aigreur que je ne sais à quoi attribuer, et que je ne mérite point.

LISETTE

Ah ! j'en sais bien la cause, moi, si je voulais parler.

ANGÉLIQUE

Hem ; qu'est-ce que c'est que cette science que vous avez ? Que veut-elle dire ? Écoutez, Lisette, je suis naturellement douce et bonne ; un enfant a plus de malice que moi ; mais si vous me fâchez, vous m'entendez bien, je vous promets de la rancune pour mille ans.

LUCIDOR

Si vous ne vous plaignez pas de moi, reprenez donc ce petit présent que je vous avais fait, et que vous m'avez rendu sans me dire pourquoi ?

ANGÉLIQUE

Pourquoi, c'est qu'il n'est pas juste que je l'aie. Le mari, et les bijoux étaient pour aller ensemble, et en rendant l'un, je rends l'autre. Vous voilà bien embarrassé ; gardez cela pour cette charmante beauté, dont on vous a apporté le portrait.

LUCIDOR

Je lui en trouverai d'autres ; reprenez ceux-ci.

ANGÉLIQUE

Oh, qu'elle garde tout, Monsieur, je les jetterais.

LISETTE

Et moi je les ramasserai [1].

LUCIDOR

C'est-à-dire, que vous ne voulez pas que je songe à vous marier, et que malgré ce que vous m'avez dit tantôt, il y a quelque amour secret dont vous me faites mystère.

ANGÉLIQUE

Eh mais, cela se peut bien, oui, Monsieur, voilà ce que c'est, j'en ai pour un homme d'ici, et quand je n'en aurais pas, j'en prendrai [2] tout exprès demain pour avoir un mari à ma fantaisie.

SCÈNE XVIII

LUCIDOR, ANGÉLIQUE, LISETTE, MAÎTRE BLAISE

MAÎTRE BLAISE

Je requiers la parmission d'interrompre pour avoir la déclaration de voute darnière volonté, Mademoiselle, retenez-vous voute amoureux nouviau venu ?

ANGÉLIQUE

Non, laissez-moi.

MAÎTRE BLAISE

Me retenez-vous, moi ?

ANGÉLIQUE

Non.

MAÎTRE BLAISE

Une fois, deux fois, me voulez-vous ?

ANGÉLIQUE

L'insupportable homme !

LISETTE

Êtes-vous sourd, maître Blaise ? elle vous dit que non.

MAÎTRE BLAISE, *à Lisette les premiers mots à part et en souriant.*

Oui, ma mie, ah çà, Monsieur, je vous prends à témoin comme quoi je l'aime, comme quoi alle me repousse, que si elle ne me prend pas, c'est sa faute, et que ce n'est pas sur moi qu'il en faut jeter l'endosse. (*À Lisette à part.*) Bonjour poulet. (*Et puis à tous.*) Au demeurant, ça ne me surprend point; Mademoiselle Angélique en refuse deux, alle en refuserai trois, alle en refuserait un boissiau; il n'y en a qu'un qu'alle envie, tout le reste est du fretin pour alle, hors Monsieur Lucidor[1], que j'ons deviné drès le commencement.

ANGÉLIQUE, *outrée*.

Monsieur Lucidor!

MAÎTRE BLAISE

Li-même, n'ons-je pas vu que vous pleuriez quand il fut malade, tant vous aviez peur qu'il ne devînt mort.

LUCIDOR

Je ne croirai jamais ce que vous dites là; Angélique pleurait par amitié pour moi?

ANGÉLIQUE

Comment, vous ne croirez pas, vous ne seriez pas un homme de bien de le croire[2]? M'accuser d'aimer à cause que je pleure; à cause que je donne des marques de bon cœur! eh mais je pleure tous les malades que je vois, je pleure pour tout ce qui est en danger de mourir; si mon oiseau mourait devant moi, je pleurerais; dira-t-on que j'ai de l'amour pour lui?

LISETTE

Passons, passons là-dessus; car à vous parler franchement, je l'ai cru de même.

ANGÉLIQUE

Quoi, vous aussi, Lisette, vous m'accablez, vous me déchirez, eh que vous ai-je fait ? Quoi, un homme qui ne songe point à moi, qui veut me marier à tout le monde, et je l'aimerais[1] ? moi, qui ne pourrais pas le souffrir s'il m'aimait, moi qui ai de l'inclination pour un autre, j'ai donc le cœur bien bas, bien misérable ; ah que l'affront qu'on me fait m'est sensible !

LUCIDOR

Mais en vérité, Angélique, vous n'êtes pas raisonnable ; ne voyez-vous pas que ce sont nos petites conversations qui ont donné lieu à cette folie, qu'on a rêvée, et qu'elle ne mérite pas votre attention.

ANGÉLIQUE

Hélas, Monsieur, c'est par discrétion que je ne vous ai pas dit ma pensée ; mais je vous aime si peu, que si je ne me retenais pas, je vous haïrais depuis ce mari que vous avez mandé de Paris ; oui, Monsieur, je vous haïrais, je ne sais trop même si je ne vous hais pas[2], je ne voudrais pas jurer que non, car j'avais de l'amitié pour vous, et je n'en ai plus ; est-ce là des dispositions pour aimer ?

LUCIDOR

Je suis honteux de la douleur où je vous vois ; avez-vous besoin de vous défendre, dès que vous en aimez un autre ? Tout n'est-il pas dit ?

MAÎTRE BLAISE

Un autre galant, alle serait morgué bian en peine de le montrer.

ANGÉLIQUE

En peine ? hé bien, puisqu'on m'obstine[1], c'est justement lui qui parle, cet indigne

LUCIDOR

Je l'ai soupçonné.

MAÎTRE BLAISE

Moi.

LISETTE

Bon, cela n'est pas vrai.

ANGÉLIQUE

Quoi, je ne sais pas l'inclination que j'ai ? Oui, c'est lui, je vous dis que c'est lui.

MAÎTRE BLAISE

Ah çà, Demoiselle[2], ne badinons point, ça n'a ni rime ni raison ; par votre foi, est-ce ma personne qui vous a pris le cœur ?

ANGÉLIQUE

Oh je l'ai assez dit, oui c'est vous, malhonnête que vous êtes, si vous ne m'en croyez pas, je ne m'en soucie guère.

MAÎTRE BLAISE

Eh ! mais, jamais voute mère n'y consentira.

ANGÉLIQUE

Vraiment, je le sais bien.

MAÎTRE BLAISE

Et pis, vous m'avez rebuté d'abord, j'ai compté là-dessus, moi, je me sis arrangé autrement.

ANGÉLIQUE[1]

Hé bien, ce sont vos affaires.

MAÎTRE BLAISE

On n'a pas un cœur qui va et qui viant comme une girouette, faut être fille pour ça, on se fie à des refus.

ANGÉLIQUE

Oh, accommodez-vous, benêt.

MAÎTRE BLAISE

Sans compter que je ne sis pas riche.

LUCIDOR

Ce n'est pas là ce qui embarrassera, et j'aplanirai tout ; puisque vous avez le bonheur d'être aimé, maître Blaise, je donne vingt mille francs en faveur de ce mariage, je vais en porter la parole à madame Argante, et je reviens dans le moment vous en rendre la réponse.

ANGÉLIQUE

Comme on me persécute.

LUCIDOR

Adieu, Angélique, j'aurai enfin la satisfaction de vous avoir mariée selon votre cœur, quelque chose qu'il m'en coûte.

ANGÉLIQUE

Je crois que cet homme-là me fera mourir de chagrin.

SCÈNE XIX

MAÎTRE BLAISE, ANGÉLIQUE, LISETTE

LISETTE

Ce monsieur Lucidor est un grand marieur de filles ; à quoi vous déterminez-vous, maître Blaise ?

MAÎTRE BLAISE, *après avoir rêvé.*

Je dis qu'ous êtes toujours bian jolie, mais que ces vingt mille francs vous font grand tort.

LISETTE

Hum, le vilain procédé.

ANGÉLIQUE, *d'un air languissant.*

Est-ce que vous aviez quelque dessein pour elle ?

MAÎTRE BLAISE

Oui, je n'en fais pas le fin.

ANGÉLIQUE, *languissante.*

Sur ce pied-là[1], vous ne m'aimez pas.

MAÎTRE BLAISE

Si fait da[2], ça m'avait un peu quitté, mais je vous r'aime chèrement[3] à cette heure.

ANGÉLIQUE, *toujours languissante.*

À cause des vingt mille francs.

MAÎTRE BLAISE

À cause de vous, et pour l'amour d'eux.

ANGÉLIQUE

Vous avez donc intention de les recevoir.

MAÎTRE BLAISE

Pargué, à voute avis ?

ANGÉLIQUE

Et moi je vous déclare que si vous les prenez, que[1] je ne veux point de vous.

MAÎTRE BLAISE

En veci bian d'un autre.

ANGÉLIQUE

Il y aurait trop de lâcheté à vous de prendre de l'argent d'un homme qui a voulu me marier à un autre, qui m'a offensée en particulier, en croyant que je l'aimais, et qu'on dit que j'aime moi-même.

LISETTE

Mademoiselle a raison, j'approuve tout à fait ce qu'elle dit là.

MAÎTRE BLAISE

Mais acoutez donc le bon sens, si je ne prends pas les vingt mille francs, vous me pardrez, vous ne m'aurez point, voute mère ne voura point de moi.

ANGÉLIQUE

Hé bien, si elle ne veut point de vous, je vous laisserai.

MAÎTRE BLAISE, *inquiet.*

Est-ce votre dernier mot ?

ANGÉLIQUE

Je ne changerai jamais.

MAÎTRE BLAISE

Ah, me velà biau garçon.

SCÈNE XX

LUCIDOR, MAÎTRE BLAISE, ANGÉLIQUE, LISETTE

LUCIDOR

Votre mère consent à tout, belle Angélique, j'en ai sa parole, et votre mariage avec maître Blaise est conclu, moyennant les vingt mille francs que je donne. Ainsi vous n'avez qu'à venir tous deux l'en remercier[1].

MAÎTRE BLAISE

Point du tout ; il y a un autre vartigo[2] qui la tiant ; alle a de l'aversion pour le magot de vingt mille francs, à cause de vous, qui les délivrez : alle ne veut point de moi, si je les prends, et je veux du magot avec alle.

ANGÉLIQUE, *s'en allant.*

Et moi je ne veux plus de qui que ce soit au monde.

LUCIDOR

Arrêtez, de grâce, chère Angélique. Laissez-nous, vous autres.

MAÎTRE BLAISE, *prenant Lisette sous le bras*[1].

Noute premier marché tiant-il toujours ?

LUCIDOR

Oui, je vous le garantis.

MAÎTRE BLAISE

Que le ciel vous conserve en joie ; je vous fiance[2] donc, fillette.

SCÈNE XXI

LUCIDOR, ANGÉLIQUE

LUCIDOR

Vous pleurez, Angélique.

ANGÉLIQUE

C'est que ma mère sera fâchée, et puis j'ai eu assez de confusion pour cela.

LUCIDOR

À l'égard de votre mère, ne vous en inquiétez pas, je la calmerai, mais me laisserez-vous la douleur de n'avoir pu vous rendre heureuse ?

ANGÉLIQUE

Oh, voilà qui est fini, je ne veux rien d'un homme qui m'a donné le renom que je l'aimais toute seule.

LUCIDOR

Je ne suis point l'auteur des idées qu'on a eu là-dessus.

ANGÉLIQUE

On ne m'a point entendu[1] me vanter que vous m'aimiez, quoique je l'eusse pu croire aussi bien que vous[2], après toutes les amitiés et toutes les manières que vous avez eues[3] pour moi, depuis que vous êtes ici, je n'ai pourtant pas abusé de cela ; vous n'en avez pas agi de même, et je suis la dupe de ma bonne foi.

LUCIDOR

Quand vous auriez pensé que je vous aimais, quand vous m'auriez cru pénétré de l'amour le plus tendre, vous ne vous seriez pas trompée. (*Angélique ici redouble ses pleurs et sanglote davantage et Lucidor continue.*) Et pour achever de vous ouvrir mon cœur, je vous avoue que je vous adore, Angélique.

ANGÉLIQUE

Je n'en sais rien ; mais si jamais je viens à aimer quelqu'un, ce ne sera pas moi qui lui chercherai des filles en mariage, je le laisserai plutôt mourir garçon.

LUCIDOR

Hélas ! Angélique, sans la haine que vous m'avez déclarée, et qui m'a paru si vraie, si naturelle, j'allais me proposer moi-même. (*Lucidor revenant*[4].) Mais qu'avez-vous donc encore à soupirer ?

ANGÉLIQUE

Vous dites que je vous hais, n'ai-je pas raison ?

Quand il n'y aurait que ce portrait de Paris qui est dans votre poche.

LUCIDOR

Ce portrait n'est qu'une feinte; c'est celui d'une sœur que j'ai.

ANGÉLIQUE

Je ne pouvais pas deviner.

LUCIDOR

Le voici, Angélique, et je vous le donne.

ANGÉLIQUE

Qu'en ferai-je, si vous n'y êtes plus? un portrait ne guérit de rien.

LUCIDOR

Et si je restais, si je vous demandais votre main, si nous ne nous quittions de la vie.

ANGÉLIQUE

Voilà, du moins, ce qu'on appelle parler, cela.

LUCIDOR

Vous m'aimez donc?

ANGÉLIQUE

Ai-je jamais fait autre chose?

LUCIDOR, *se mettant tout à fait à genoux*[1].

Vous me transportez, Angélique.

SCÈNE XXII ET DERNIÈRE

TOUS LES ACTEURS *qui arrivent*
avec MADAME ARGANTE

MADAME ARGANTE

Hé bien, Monsieur; mais que vois-je? Vous êtes aux genoux de ma fille, je pense[1].

LUCIDOR

Oui, Madame, et je l'épouse dès aujourd'hui, si vous y consentez.

MADAME ARGANTE, *charmée.*

Vraiment, que de reste[2], Monsieur, c'est bien de l'honneur à nous tous, et il ne manquera rien à la joie où je suis, si Monsieur (*montrant Frontin*) qui est votre ami, demeure aussi le nôtre.

FRONTIN

Je suis de si bonne composition, que ce sera moi qui vous verserai à boire à table. (*À Lisette.*) Ma reine, puisque vous aimiez tant Frontin, et que je lui ressemble, j'ai envie de l'être.

LISETTE

Ah, coquin, je t'entends bien, mais tu l'es trop tard.

MAÎTRE BLAISE

Je ne pouvons nous quitter, il y a douze mille francs qui nous suivent.

MADAME ARGANTE

Que signifie donc cela?

LUCIDOR

Je vous l'expliquerai tout à l'heure, qu'on fasse venir les violons du village, et que la journée finisse par des danses.

FIN[1]

DIVERTISSEMENT[2]

Vaudeville

Maris jaloux, tendres amants,
Dormez sur la foi des serments,
Qu'aucun soupçon ne vous émeuve;
Croyez l'objet de vos amours,
Car on ne gagne pas toujours
    À la[3] mettre à l'épreuve.

Avoir le cœur de son mari,
Qu'il tienne lieu d'un favori,
Quel bonheur d'en fournir la preuve!
Blaise me donne du souci;
Mais en revanche, Dieu merci,
    Je le mets à l'épreuve.

Vous qui courez après l'hymen,
Pour éloigner tout examen,
Prenez toujours fille pour veuve ;
Si l'amour trompe en ce moment,
C'est du moins agréablement[1] :
    Quelle charmante épreuve !

Que Mathuraine ait de l'himeur[2],
Et qu'al me refuse son cœur,
Qu'il vente, qu'il tonne ou qu'il pleuve,
Que le froid gèle notre vin,
Je n'en prenons point de chagrin,
    Je somme à toute épreuve.

Vous qui tenez dans vos filets
Chaque jour de nouveaux objets,
Soit fille, soit femme, soit veuve,
Vous croyez prendre, et l'on vous prend.
Gardez-vous d'un cœur qui se rend
    À la première épreuve.

Ah ! que l'hymen paraît charmant
Quand l'époux est toujours amant !
Mais jusqu'ici la chose est neuve :
Que l'on verrait peu de maris,
Si le sort nous avait permis
    De les prendre à l'épreuve !

DOSSIER

CHRONOLOGIE
1688-1763

1688. 4 (?) février : naissance à Paris de Pierre Carlet, fils de Nicolas Carlet, ancien officier de la marine, trésorier des vivres en Allemagne, et de Marie-Anne Bullet, sœur de Pierre Bullet — architecte du roi, membre de l'Académie d'architecture —, et tante de Jean-Baptiste Bullet de Chamblain, architecte comme son père et futur membre de la même Académie.
1698. Fin décembre : Nicolas Carlet est nommé contrôleur-contregarde à la Monnaie de Riom. Il avait la protection, comme les Bullet, des ministres Pontchartrain et Chamillart. Il résidera désormais à Riom où sa femme et son fils le rejoignent. Le futur Marivaux fait très probablement ses études au collège des Oratoriens de cette ville.
1704. 20 juin : Nicolas Carlet est nommé directeur de la Monnaie de Riom après des années difficiles de conflit avec le personnel et des périodes de fermeture de l'établissement, conflits et interruptions qui se répéteront pendant les années suivantes.
1710. 30 novembre : Pierre Carlet, « *arvernus riomensis* », auvergnat de Riom, s'inscrit à la faculté de droit de Paris.
1711. 25 avril : Pierre Carlet s'inscrit de nouveau à la faculté de droit.

1712. Publication chez Pierre Huet, libraire récemment installé à Paris, d'une comédie en vers, *Le Père prudent et équitable ou Crispin l'heureux fourbe,* avec permission de Constant Du Masdubos, alors procureur de police à Limoges (et connu sans doute à Riom par Marivaux).
30 avril : troisième inscription de Pierre Carlet, «*parisiensis*», à la faculté de droit.
10 juillet : Fontenelle signe l'approbation d'un roman présenté à la censure le 14 avril par Marivaux, *Les Aventures de *** ou les Effets surprenants de la sympathie.* Pierre Huet obtiendra en août un privilège de trois ans pour l'édition de ce roman.
8 décembre : Pierre Prault présente à la censure *Pharsamon*, roman de Marivaux qui ne sera publié qu'en 1737. Approbation de Fontenelle en date du 22 janvier 1713.
1713. Au début de l'année, publication des tomes I et II des *Effets surprenants de la sympathie.*
11 mai : Pierre Huet présente à la censure *La Voiture embourbée*; approbation de Fontenelle en date du 31 août.
Juin : compte rendu des *Effets surprenants de la sympathie* dans le *Journal des savants.*
1714. Au début de l'année, publication chez Pierre Prault du *Bilboquet,* des trois derniers tomes des *Effets surprenants de la sympathie,* et de *La Voiture embourbée.*
24 juin : approbation (?) par le censeur Burette du *Télémaque travesti* (parodie du *Télémaque* de Fénelon), qui ne sera publié qu'en 1736 à Amsterdam.
1715. Marivaux a dû dès son arrivée à Paris fréquenter le groupe des Modernes, dont les principaux représentants étaient Fontenelle et Houdar de La Motte ; pendant la Régence, il lie amitié avec ceux qui, autour des Tencin, encouragent l'entreprise financière de Law et soutiennent la lutte contre le jansénisme.

1716. Fin de l'année : publication chez Pierre Prault de *L'Homère travesti ou l'Iliade en vers burlesques*. L'épître dédicatoire au duc de Noailles, président du Conseil des finances, est signée «Carlet de Marivaux».
1717. 7 juillet : mariage de Pierre Carlet de Marivaux et de Colombe Bollogne, née en 1683 ; Prosper Jolyot de Crébillon, l'auteur tragique, est un des témoins du marié.
Septembre-novembre : publication dans *Le Nouveau Mercure* des «Lettres sur les habitants de Paris».
1718. 24 janvier : naissance de Colombe, fille de Marivaux.
Août-septembre : publication dans *Le Nouveau Mercure* de la «Suite des caractères» (c'est la suite des «Lettres sur les habitants de Paris»).
1719. Mars : *Le Nouveau Mercure* publie les «Pensées sur différents sujets : Sur la clarté du discours. Sur le sublime».
14 avril : mort de Nicolas Carlet.
Juin : Marivaux demande à acquérir la charge de son père à Riom. Il ne l'obtiendra pas.
Novembre-décembre : *Le Nouveau Mercure* publie la «Lettre de M. de M*** contenant une aventure» et la «Suite de la lettre de M. de Marivaux».
1720. Février-mars-avril : *Le Nouveau Mercure* publie les trois dernières livraisons des «Lettres contenant une aventure».
3 mars : représentation unique de *L'Amour et la Vérité* (par Marivaux et Rustaing de Saint-Jorry) au Théâtre-Italien.
17 octobre : première représentation d'*Arlequin poli par l'amour* au Théâtre-Italien.
16 décembre : première représentation de *La Mort d'Hannibal*, tragédie, au Théâtre-Français. Elle avait été reçue par les Comédiens le 5 août de l'année précédente.
En ces années 1719-1720, Marivaux a placé des

sommes importantes, venant de sa femme, dans une société d'agio créée par Mme de Tencin, et la faillite de Law les lui a fait perdre.

1721. 31 mai : Marivaux, qui s'est de nouveau inscrit à la faculté de droit, est reçu bachelier.

Juillet : publication de la première feuille du *Spectateur français*, périodique inspiré par le *Spectator* d'Addison et Steele ; en tout, vingt-cinq feuilles paraîtront à intervalles très irréguliers jusqu'à novembre 1724.

4 septembre : Marivaux est reçu licencié en droit au bénéfice de l'âge. Il n'est pas sûr qu'il ait été avocat ni qu'il ait jamais plaidé.

1722. 3 mai : première représentation de *La Surprise de l'amour* au Théâtre-Italien.

1723. 6 avril : première représentation de *La Double Inconstance* au Théâtre-Italien. Mort de la femme de Marivaux en cette année 1723 ou en 1724.

1724. 5 février : première représentation du *Prince travesti* au Théâtre-Italien.

8 juillet : première représentation de *La Fausse Suivante ou le Fourbe puni* au Théâtre-Italien.

2 décembre : première représentation du *Dénouement imprévu* au Théâtre-Français.

1725. 5 mars : première représentation de *L'Île des Esclaves* au Théâtre-Italien.

19 août : première représentation de *L'Héritier de village* au Théâtre-Italien.

1727. 2 février : *La Vie de Marianne ou les Aventures de Mme la Comtesse de* *** est l'objet d'une demande d'approbation et de privilège présentée par la veuve Coutelier, libraire à Paris.

Fin mars-juillet : publication des sept feuilles de *L'Indigent philosophe*.

11 septembre : *Les Petits Hommes ou l'Île de la Raison* sont représentés au Théâtre-Français.

31 décembre : première représentation de *La Sur-*

prise de l'amour au Théâtre-Français. Cette comédie, qu'on appelle en général *La Seconde Surprise de l'amour*, avait été reçue le 30 janvier.

1728. 28 avril : première représentation du *Triomphe de Plutus* au Théâtre-Italien.

9 mai : approbation par la censure de la première partie de *La Vie de Marianne*.

1729. 18 juin : unique représentation de *La Nouvelle Colonie ou la Ligue des femmes* au Théâtre-Italien.

1730. 23 janvier : première représentation du *Jeu de l'amour et du hasard* au Théâtre-Italien.

1731. Fin du printemps : publication de la première partie de *La Vie de Marianne* chez Pierre Prault ; l'impression de la deuxième partie, dans sa version primitive dont on ne connaît qu'une page, avait été commencée.

5 novembre : première représentation de *La Réunion des Amours* au Théâtre-Français.

1732. 12 mars : première représentation du *Triomphe de l'amour* au Théâtre-Italien.

8 juin : première représentation des *Serments indiscrets* au Théâtre-Français. C'est la seule comédie de Marivaux en cinq actes. Elle avait été reçue en mars 1731.

25 juillet : première représentation de *L'École des mères* au Théâtre-Italien.

Décembre : le bruit court que Marivaux serait candidat à l'Académie française.

1733. 6 juin : première représentation de *L'Heureux Stratagème* au Théâtre-Italien.

12 juillet : mort de Mme de Lambert, dont Marivaux avait fréquenté le salon.

1734. Fin janvier : publication de la deuxième partie de *La Vie de Marianne.*

Janvier-avril : publication des onze feuilles du *Cabinet du philosophe*, dernier journal de Marivaux.

Avril : publication de la première partie du *Paysan*

parvenu, présentée à la censure le 16 mars ; les quatre autres parties du roman paraîtront en juin, août et octobre de la même année et avril 1735.

16 août : première représentation de *La Méprise* au Théâtre-Italien.

6 novembre : première représentation, interrompue par les sifflets, du *Petit-maître corrigé* au Théâtre-Français.

1735. 9 mai : première représentation de *La Mère confidente* au Théâtre-Italien.

Novembre : publication de la troisième partie de *La Vie de Marianne*.

1736. Début : publication du *Télémaque travesti* (voir 1714).

Fin mars : publication de la quatrième partie de *La Vie de Marianne*.

11 juin : première représentation du *Legs* au Théâtre-Français.

Septembre : publication de la cinquième partie de *La Vie de Marianne*.

Novembre : publication de la sixième partie de *La Vie de Marianne*.

1737. Février : publication de la septième partie de *La Vie de Marianne*.

16 mars : première représentation des *Fausses Confidences* au Théâtre-Italien.

Janvier-juin : publication de *Pharsamon* (voir 1712).

Décembre : publication de la huitième partie de *La Vie de Marianne* à La Haye, la censure ayant reçu en France des instructions pour la proscription des romans.

1738. 7 juillet : première représentation de *La Joie imprévue* au Théâtre-Italien.

1739. 13 janvier : première représentation des *Sincères* au Théâtre-Italien.

19 août : mort de Thomassin, qui interpréta le rôle d'Arlequin dans toutes les comédies de Marivaux depuis *Arlequin poli par l'amour*.

1740. 19 novembre : première représentation de *L'Épreuve* au Théâtre-Italien.
1741. De cette année est datée la copie manuscrite de *La Commère*, comédie attribuée à Marivaux.
1742. Publication des livres IX, X et XI de *La Vie de Marianne*, à La Haye.
10 décembre : Marivaux est élu à l'Académie française ; Mme de Tencin avait vigoureusement soutenu sa candidature.
1743. 4 février : réception de Marivaux à l'Académie. L'archevêque de Sens, Languet de Gergy, répond à son discours de réception.
1744. À partir d'avril, Marivaux loge chez Mlle de Saint-Jean, rue Saint-Honoré.
25 août : Marivaux lit à l'Académie des « Réflexions » sur le progrès de l'esprit humain, qui seront publiées dans le *Mercure de France* en juin 1755 (sous le titre de « Réflexions sur Thucydide »).
19 octobre : unique représentation de *La Dispute* au Théâtre-Français.
1745. 6 avril : Colombe de Marivaux entre au noviciat de l'abbaye du Trésor dans le département actuel de l'Eure.
1746. 6 août : première représentation du *Préjugé vaincu* au Théâtre-Français.
7 octobre : acte d'examen de « Sœur Colombe Prospère de Marivaux » au monastère du Trésor.
1748. 4 avril : Marivaux lit à l'Académie des « Réflexions en forme de lettre sur l'esprit humain » (publiées en janvier 1755 dans le *Mercure de France* sous le titre du *Miroir*).
1749. 25 août : Marivaux lit à l'Académie le commencement des « Réflexions sur Corneille et sur Racine ».
25 septembre : Marivaux lit à l'Académie la suite des « Réflexions sur Corneille et sur Racine ».
4 décembre : mort de Mme de Tencin, amie de Marivaux depuis plus de trente ans.

1750. 25 août : Marivaux lit à l'Académie des « Réflexions sur les hommes de génie ». Le *Mercure de France* publiera en avril 1755 et décembre 1757 ces trois séries de « Réflexions » sous le titre de « Réflexions sur l'esprit humain à l'occasion de Corneille et de Racine ».

Décembre : le *Mercure de France* publie *La Colonie*, réfection de *La Nouvelle Colonie* de 1729.

1751. 25 août : Marivaux lit à l'Académie des « Réflexions sur les Romains et sur les anciens Perses » (publiées dans le *Mercure de France* d'octobre).

1754. Décembre : le *Mercure de France* publie « L'Éducation d'un prince, dialogue ».

1755. 24 et 25 août : représentations de *La Femme fidèle* chez le comte de Clermont, sur le théâtre champêtre de son château de Berny. Seuls quelques rôles de cette comédie ont été retrouvés.

1757. 5 mars : *Félicie*, comédie de Marivaux, est reçue au Théâtre-Français, mais ne sera jamais jouée. Le *Mercure de France* la publiera le même mois.

5 mai : *L'Amante frivole* est reçue au Théâtre-Français ; elle ne sera jamais jouée, et le texte en est perdu.

Octobre : Marivaux règle ses comptes avec Mlle de Saint-Jean ; ils se constituent chacun une rente annuelle, qui doit revenir en totalité au dernier vivant.

Novembre : *Le Conservateur* publie *Les Acteurs de bonne foi*.

1758. 20 janvier : Marivaux rédige son testament.

Septembre : mort de Silvia, actrice fétiche de Marivaux, âgée de cinquante-sept ans.

1761. Mai : le *Mercure de France* publie *La Provinciale*.

1763. 12 février : mort de Marivaux à Paris.

L'ÉPREUVE À LA SCÈNE
ET DEVANT LA CRITIQUE

LES ACTEURS ITALIENS

Quand la comédie fut créée, l'amoureuse s'appelait « Mariane » et sa mère Mme Desmartins : c'est ce qui apparaît dans le compte rendu publié par le *Mercure de France* en novembre 1740, et le nom de Mariane a subsisté dans quelques passages de l'édition originale, par une inadvertance de l'éditeur[1]. Il n'y a aucune autre Mariane dans le théâtre de Marivaux. Faut-il chercher des ressemblances entre la Mariane de *L'Épreuve* et la Marianne du roman ? La huitième partie de *La Vie de Marianne* avait paru en décembre 1737, et les trois dernières parties, où Marianne ne figure plus, seront publiées seulement en 1742 à La Haye chez Jean Néaulme. Si la jeune fille de *L'Épreuve* a quelques traits communs avec la Marianne du roman, on les retrouve aussi chez la plupart des jeunes filles de Marivaux, une vive sensibilité, l'aspiration au bonheur, des mouvements de dépit ou de joie, un *moi* toujours en défense au milieu même de ses abandons : mais les différences ne sont pas moins grandes, et l'expérience acquise dès son enfance par la Marianne du roman lui a donné plus de ressort, une plus grande habitude du retour sur soi, une plus grande aptitude à des actions autonomes que n'en a la

---

1. Voir *infra*, scène 18 (p. 93, n. 1) et Fin (p. 101, n. 1).

naïve amoureuse de la comédie. Il n'en est pas moins vrai que pour les spectateurs de 1740 et pour Marivaux lui-même le nom de Mariane rappelait le roman ; or, à l'origine, le nom de sa mère, Mme Desmartins, était aussi un nom de roman, entendons par là non pas un nom de fiction poétique ou fabuleuse, mais un nom de récit peignant des personnages et racontant des aventures de la vie courante : tels sont les noms de Mme d'Alain, de Mlle Haberd, de M. Simon, de Mme Remy dans *Le Paysan parvenu* ; de Mme Dutour, de M. Villot dans *La Vie de Marianne* ; même les noms nobles, sauf celui de Valville qui est conventionnel, sont dans ces romans des noms plausibles dans la société du temps, ceux de Mlle de Far, de Mme de Miran, de Mme Dorsin, de l'Anglaise Mlle Varthon[1]. Tous ces noms de roman sont du même registre que les noms de théâtre de M. Remy (dans *Les Fausses Confidences*), de Mme Sorbin (dans *La Colonie*), de Mme La Thibaudière, de Mme Lépine, de M. Lormeau et de M. Derval (dans *La Provinciale*[2]). Pourquoi Marivaux a-t-il changé des noms qui étaient parfaitement appropriés à une bourgeoise provinciale de condition modeste et à sa fille ? On peut formuler une hypothèse.

Dès sa première œuvre, encore assez maladroite, *Le Père prudent et équitable*, comédie en un acte publiée en 1712, Marivaux s'est intéressé aux rapports d'un père, Démocrite, et de sa fille, Philine ; on retrouve un père, Prusias, et sa fille, Laodice, dans la seconde pièce de Marivaux, reçue en août 1719 au Théâtre-Français et représentée en décembre1720, la tragédie d'*Annibal* (appelée d'abord *La Mort d'Annibal*) ; toujours au théâtre, les personnages antagonistes ou complices du père et de la fille jouent un rôle

---

1. Mme Dorville, dans *Le Paysan parvenu*, est noble, et son nom semble un de ces noms conventionnels (Valville, Valmont, Dorval, etc.) qu'on trouve aussi dans les romans, mais pour Marivaux il est peut-être un nom plausible. Il y a une Mme Dorville dans *La Joie imprévue*, comédie jouée au Théâtre-Italien en juillet 1738.
2. L'attribution de cette comédie à Marivaux est refusée par plusieurs critiques.

dans *Le Dénouement imprévu* (décembre 1724), *La Nouvelle Colonie*, tombée dès sa première représentation le 18 juin 1729 (Silvia, dont le rôle semble avoir été primordial, et son père dont on ne connaît ni le nom ni le rôle[1]), *Le Jeu de l'amour et du hasard* (janvier 1730), *Les Serments indiscrets* (juin 1732; M. Orgon y est le père de Lucile et de Phénice). À cette date, la seule mère qui eût paru sur la scène de Marivaux était Claudine, moins essentielle à l'action que son mari le paysan Blaise, tous deux parents d'un Colin et d'une Colette dans *L'Héritier de village* (août 1725). Hors du théâtre, il y avait bien des pères et des mères dans ses romans dits de jeunesse, *Les Effets surprenants de la sympathie* et (pour les histoires insérées) *Pharsamon*, et les aventures des filles annonçaient celles de la Marianne du roman; il y avait aussi la mère assez ridicule d'une jeune fille et une paysanne mère de plusieurs enfants dans *La Voiture embourbée*[2]; et dans les *Journaux*, une mère désespérée de voir sa fille entrer au Carmel, un père et une mère accablés par le déshonneur de leur fille victime d'un séducteur (*Le Spectateur français*, 9ᵉ et 10ᵉ feuilles, 27 septembre et 16 octobre 1722), une mère étouffant sa fille par la rigueur de sa dévotion (*Le Spectateur français*, 12ᵉ feuille, 6 décembre 1722), un père et une mère laissant à leur mort deux orphelins, un frère et une sœur (*Le Spectateur français*, 21ᵉ, 22ᵉ, 24ᵉ et 25ᵉ feuilles, du 5 octobre 1723 au 31 août 1724) : en résumé, si Marivaux n'avait pas ignoré les relations que peut avoir avec sa fille une mère affectueuse, malheureuse ou oppressive, il avait apporté plus d'attention aux relations d'un père et d'une fille, surtout dans ses pièces de théâtre, où l'on pouvait compter dix pères (plus un oncle et un tuteur) contre une seule mère.

Or à partir de 1732, les mères et les filles vont se multiplier : de *L'École des mères* aux *Acteurs de bonne foi* les comédies de Marivaux mettent en scène huit mères (plus une

---

[1]. Il ne reste de cette comédie que le divertissement final; voir *Pléiade*, tome I, p. 603-607 et p. 1106-1109.
[2]. Voir la *Chronologie*, p. (106).

tante et une tutrice) pour quatre pères (et deux oncles) : Mme Argante et sa fille Angélique, à côté de Damis et de son fils Éraste, dans *L'École des mères* (juillet 1732) ; la Marquise et son fils Rosimond, à côté du Comte et de sa fille Hortense, dans *Le Petit-maître corrigé* (novembre 1734) ; Mme Argante et Angélique, à côté de Dorante et de son oncle Ergaste, dans *La Mère confidente* (mai 1735) ; Mme Argante et Araminte, à côté de Dorante et de son oncle M. Remy, dans *Les Fausses Confidences* (mars 1737) ; Mme Dorville et Constance, à côté de M. Orgon et de son fils Damon, dans *La Joie imprévue* (juillet 1738). De ces cinq comédies, seul *Le Petit-maître corrigé* avait été joué au Théâtre-Français ; dans les quatre autres, jouées au Nouveau Théâtre-Italien, le rôle de la fille avait été tenu par l'illustre Silvia, Zanetta-Rosa Benozzi, l'actrice préférée de Marivaux, et celui de la mère par Mlle Belmont, Anne-Élisabeth Constantini, italienne elle aussi, femme du comédien Charles-Virgile Romagnesi de Belmont : c'est encore Silvia et Mlle Belmont qu'on retrouve dans les emplois de mère et de fille de *L'Épreuve*, en novembre 1740 ; au lieu de les nommer Mariane et Mme Desmartins, comme il en avait eu d'abord l'idée, Marivaux appela l'une Mme Argante, d'un nom qu'elle avait porté déjà trois fois, et l'autre Angélique, ainsi qu'elle avait été nommée déjà deux fois dans un rôle de fille, auprès de l'autre qui représentait la mère. Et il y aura ensuite, en plus d'une Mme Sorbin et de sa fille Lina dans *La Colonie*, une Mme Argante, mère d'une Marquise, dans *La Femme fidèle* (représentée, avant 1755, sur le théâtre privé du comte de Clermont à Berny), et une Mme Argante, mère d'une Angélique, dans *Les Acteurs de bonne foi* (non joués, publiés en novembre 1757 dans *Le Conservateur*). Comme Silvia avait joué, sous son nom de théâtre (dans *Arlequin poli par l'amour*, dans *La Double Inconstance*, dans *Le Jeu de l'amour et du hasard*, dans *La Nouvelle Colonie*) ou sous d'autres noms, le rôle d'une jeune fille sensible et entreprenante à la fois, elle jouait désormais, associée à Mlle Belmont, le rôle d'une jeune fille ou d'une jeune femme ayant avec sa mère des rapports difficiles ou ambigus[1]. Le nom d'Angélique convenait très bien à une jeune fille, mais non à une jeune veuve ou à une jeune femme ; Marivaux nomma la première Araminte (dans *Les Fausses Confidences*) et fit de la seconde une Marquise (dans *La Femme fidèle*). L'existence des deux actrices et de leurs deux emplois associés a donc non seulement déterminé le changement des noms auquel Marivaux a procédé dans *L'Épreuve*, mais il lui a inspiré une des données initiales de six de ses dernières comédies[2]. Une preuve supplémentaire du lien entre dramaturgie et emplois de deux comédiennes est celle-ci : dans *La Nouvelle Colonie*, Silvia tenait un rôle analogue, autant qu'on puisse en juger, à celui que jouera Arthénice dans *La Colonie* ; un des personnages était son père ; un autre personnage, Mme Sorbin, n'avait pas d'enfant, et son rôle était tenu par Mlle Belmont ; or quand Marivaux récrivit la comédie, telle qu'elle fut publiée dans le *Mercure* de décembre 1750 sous le titre de *La Colonie*, il se souvint de l'emploi confié ensuite régulièrement à l'actrice et fit de Mme Sorbin la mère énergique d'une jeune Lina rebelle à son autorité[3]. Il est remarquable qu'au moment où Marivaux faisait jouer *L'Épreuve*, après plusieurs autres comédies où une mère et sa fille avaient un rôle impor-

---

1. Mme Argante et sa fille Angélique étaient aussi des personnages du *Bailli arbitre*, comédie de Romagnesi jouée le 21 juillet 1737.
2. Dans *La Joie imprévue* la mère s'appelle Mme Dorville et la fille Constance : cette comédie en un acte avait été écrite pour accompagner une reprise des *Fausses Confidences*, où figurait déjà une Mme Argante, mère d'Araminte ; Marivaux n'a sans doute pas voulu qu'il y eût deux Mme Argante dans le même spectacle. La seule Angélique du théâtre de Marivaux qui ne soit pas fille d'une Mme Argante est l'Angélique du *Préjugé vaincu*, fille du Marquis (août 1746). Il y avait eu une Mlle Argante, fille de M. Argante, dans *Le Dénouement imprévu* (Théâtre-Français, décembre 1724).
3. *La Nouvelle Colonie* ne fut jouée qu'une fois, le 18 juin 1729 ; elle était en trois actes ; le texte en a été perdu, seul le divertissement final a été conservé. Marivaux réduisit sa comédie à un seul acte, qui fut publié, sous le titre de *La Colonie*, dans le *Mercure* de décembre 1750.

tant, il travaillait aux derniers livres de *La Vie de Marianne*, qui racontent l'abandon d'une toute jeune fillette par sa mère et les émouvantes retrouvailles, plus tard, de la fille et de la mère (Tervire et celle qui se fait nommer Mme Darneuil) : il n'est pas impossible qu'il ait poursuivi dans le roman la réflexion sur un thème qui lui avait été inspiré au théâtre par les emplois de Mlle Belmont et de Silvia[1].

On ne sait pas grand-chose sur la façon dont Mlle Belmont jouait la comédie. Elle avait débuté le 3 mai 1729 au Nouveau Théâtre-Italien et bénéficiait de la réputation qu'avaient acquise son oncle Angelo Constantini, Mezzetin de l'Ancien Théâtre-Italien, et son père Jean-Baptiste, qui y jouait Octave. Née en 1679, elle avait déjà cinquante ans à ses débuts sur le théâtre, donc soixante et un ans quand elle créa le rôle de Mme Argante dans *L'Épreuve*. Veuve de Charles-Virgile Romagnesi, elle était la tante de Jean-Antoine Romagnesi, qui jouait Lucidor dans la même comédie, et qui l'avait fait entrer dans la troupe onze ans auparavant. Elle était déjà un peu trop âgée pour être la mère de la toute jeune fille qu'est Angélique (elle quittera le théâtre en 1746), mais Angélique elle-même était représentée par une actrice de trente-neuf ans.

C'était en effet l'âge de Silvia. Depuis *Arlequin poli par l'amour* (1720), elle avait tenu tous les rôles d'amoureuse dans les comédies écrites par Marivaux pour le Nouveau Théâtre-Italien, dont *L'Épreuve* fut la dernière. Les témoignages contemporains sur l'actrice (qui était aussi excellemment capable de danser et de chanter) font ressortir deux traits apparemment opposés : d'une part elle pouvait

---

1. Marivaux sut admirablement tirer parti du génie si varié de Silvia en l'associant à d'autres comédiens italiens pour former des couples contrastés et complémentaires : Silvia et Flaminia, Silvia et l'Arlequin Thomassin, puis Silvia et Thérèse Delalande, Silvia et Mlle Thomassin (la fille de Thomassin). Voir l'article de Michel Gilot sur « L'invention d'un nouveau théâtre italien. Aspects des relations de Marivaux avec les comédiens », dans *Marivaux e il teatro italiano*, a cura di Mario Matucci, Pacini editore, Pisa, 1992. Voir aussi *La Comédie italienne : Marivaux et Silvia*, Albin Michel, 2001.

tenir avec naturel tous les rôles, de la jeune fille à la dame mûre, ou au travesti masculin, et représenter tous les sentiments de la gaieté capricieuse à la mélancolie et à l'indignation ; d'autre part elle était toujours pareille à elle-même, elle « n'avait qu'une manière à elle pour jouer trente rôles différents[1] ». Or ces deux traits définissent le très grand acteur, celui que le public reconnaît et aime à reconnaître, le même dans les emplois les plus divers, celui pour qui souvent les dramaturges ont écrit tel ou tel rôle, ou du moins dont ils ont pensé qu'il serait le plus apte à le jouer, au XXe siècle les Jouvet, Marguerite Moreno, Maria Casarès, au XIXe siècle Sarah Bernhardt, au XVIIIe peut-être Garrick. Cette aptitude à rester soi-même (un « soi-même » d'acteur, évidemment, et non de personne réelle) dans toutes ses métamorphoses est différente de la plasticité d'Arlequin, capable lui aussi de jouer toutes sortes de rôles (dans un registre plus limité), mais dont tout l'être se réduit à cette capacité : il est un Protée, il n'est pas une individualité[2]. Une femme de trente-neuf ans pouvait-elle sans invraisemblance avoir la spontanéité, l'innocence d'une Angélique encore presque enfantine, pleine d'espoir et d'illusion ? Mais en 1830, à cinquante et un ans, Mlle Mars tiendra le rôle de Silvia dans *Le Jeu de l'amour et du hasard*, et en 1908 Julia Bartet le tiendra à cinquante-quatre ans[3], et cette Silvia ne doit guère être moins jeune qu'Angélique. Si les acteurs italiens avaient un grand talent dans l'improvisation, certains d'entre eux l'avaient également dans la récitation d'un texte aussi soigneuse-

1. Selon Sticotti, *Garrick et les auteurs anglais*, 1769 (cité par Xavier de Courville, *Luigi Riccoboni, dit Lélio*, tome II, p. 162). Sur Silvia, outre l'ouvrage de Xavier de Courville, où il est souvent question d'elle, on peut lire l'article de Martine de Rougemont : « Silvia : l'actrice et ses personnages », dans le recueil *Marivaux e il teatro italiano*.
2. *Arlequin-Protée* était une comédie de Fatouville créée en 1683 à l'Ancien Théâtre-Italien et reprise en 1719 au Nouveau Théâtre-Italien.
3. Renseignements fournis par Maurice Descotes, *Les Grands Rôles du théâtre de Marivaux*, Presses universitaires de France, 1972. Ces « monstres sacrés » n'interprétaient certainement pas Marivaux comme l'interprétait Silvia, dont les contemporains louaient le naturel.

ment écrit que celui de Marivaux. Les contemporains n'ont relevé aucune discordance entre l'âge réel de l'actrice et l'âge de son rôle. La vivacité des répliques d'Angélique dans son dialogue de la scène 8 avec Lucidor, où elle semble courir au-devant de la déclaration qu'elle attend, ses mouvements pressants de colère et de dépit contre Lisette, contre Frontin, contre Lucidor dans les scènes 16 et 17, où, sa mère n'étant plus là, elle se sent enfin libre de parler, ont les accents qu'on retrouve dans les autres rôles que Silvia a tenus, chez Marivaux comme chez d'autres auteurs français du Nouveau Théâtre-Italien, rôles qui paraissent parfois avoir été écrits pour elle.

Jean-Antoine Romagnesi fut Lucidor. Entré dans la troupe en 1725 après avoir mené une existence assez agitée d'aventurier et d'acteur ambulant[1], tenu l'emploi d'Octave au théâtre de la Foire et essayé d'entrer à la Comédie-Française, il débuta dans le rôle de Lélio de *La Surprise de l'amour*, rôle dans lequel les Comédiens-Italiens faisaient débuter leurs « premiers amoureux[2] ». Ce rôle avait été créé en mai 1722 par Luigi Riccoboni, directeur de la troupe et « premier amoureux » en titre, et Romagnesi obtenait ses plus beaux succès dans des rôles analogues à ceux que préférait Riccoboni et qui comportaient quelque nuance de gravité et de mélancolie, Timon (dans *Timon le misanthrope*, de Delisle de la Drevetière), Samson (dans l'adaptation, par Romagnesi lui-même, d'une tragédie espagnole), Démocrite (dans *Démocrite prétendu fou*, comédie d'Autreau) ; mais il excellait aussi dans les rôles d'ivrogne et de Suisse. Il composa pour le Nouveau Théâtre-Italien environ soixante-dix pièces, seul ou en collaboration, surtout avec Riccoboni le fils et Dominique. Selon le *Mercure*, il fut très applaudi dans le rôle de Luci-

---

1. Romagnesi semble avoir inspiré à Marivaux le personnage de comédien coureur d'intrigues galantes qui figure dans *L'Indigent philosophe* (1727).
2. La troupe italienne comprenait entre autres une première et une seconde amoureuse, un premier et un second amoureux.

dor. Il était sensiblement plus vieux que Silvia : né en 1690, il avait cinquante ans ; si cet âge était aussi celui de son rôle, il faudrait considérer Lucidor comme un homme mûr que les ans et l'expérience ont rendu exagérément méfiant, dur, retors, et donner raison à ceux qui voient en lui un manipulateur cruel ; si au contraire on explique par sa jeunesse, rappelée par Frontin à la scène 1, sa conduite envers Angélique, on s'étonnera que Romagnesi ait pu se faire admirer dans ce rôle, et l'on conclura, comme pour Silvia, que le naturel est obtenu par la plus grande maîtrise de l'artifice[1].

Le rôle de Frontin fut créé par François Riccoboni, dit Lélio II (fils de Luigi Riccoboni, le fondateur de la troupe, dit Lélio) ; il avait fait ses débuts en janvier 1726 dans le rôle du Lélio de *La Surprise de l'amour*, lui aussi, et repris les rôles de son père ; s'étant retiré en mai 1736, il était revenu quelques mois après, toujours comme premier amoureux, mais son contrat lui interdisait de jouer les rôles de valets, sauf en cas de maladie d'un de ses camarades[2] ; il avait pourtant déjà été un Frontin dans *La Méprise* (1734). L'Arlequin Thomassin était mort en août 1739, il n'avait eu qu'un rôle assez réduit dans *Les Fausses Confidences* en 1737 ; *La Joie imprévue*, en 1738, comportait un Pasquin, et *Les Sincères*, en 1739, un Frontin qui fut joué par De Hesse ; ces domestiques ne sont pas Arlequin, même si leur rôle comique a quelques traits qui le rappellent, et le Frontin de *L'Épreuve*, déguisé en honnête homme, est bien différent de l'Arlequin pareillement déguisé du *Jeu de l'amour et du hasard* et de l'Arlequin devenu gentilhomme dans *Le Prince travesti*. François Riccoboni, nous l'avons vu, écrivit beaucoup pour le théâtre ; il composa des ballets, il chantait et il dansait, mais, à en croire certains témoignages, il ne fut pas un grand acteur, bien qu'il ait été un adroit dramaturge et un bon théoricien de l'art du comédien[3].

---

1. Voir *infra*, n. 1, p. 123.
2. Cité par Xavier de Courville, *op. cit.*, p. 87, n. 79.
3. Précurseur de Diderot, qui dans le *Paradoxe sur le comédien* invitera

Entré dans la troupe en 1734 pour y jouer les valets, Jean-Baptiste De Hesse, dit Deshayes, tint le rôle du paysan Blaise. Le *Mercure* de novembre 1740, qui donne un « extrait » (c'est-à-dire un résumé) de la pièce, juge que ce personnage « ne sert qu'à fournir quelques scènes comiques », mais que « ces sortes de superfluités ne laissent pas d'être utiles, surtout quand elles donnent lieu de faire paraître un acteur aussi aimé que le sieur Deshayes, qui fait toujours beaucoup de plaisir, dans quelque rôle qu'on le place ». De Hesse était aussi maître de ballets à ce Nouveau Théâtre-Italien et à la Cour. Il avait été le Dubois des *Fausses Confidences* et le Frontin des *Sincères*.

C'est la fille de feu l'Arlequin Thomassin, Catherine Vicentini, qui fut Lisette. Elle avait dès son plus jeune âge joué des rôles d'enfant; à partir de 1726 elle fut chargée des rôles de seconde amoureuse, en doublure de Silvia, et des rôles de soubrette. Elle avait environ vingt-sept ans en 1740; elle épousera De Hesse en 1742.

Cette revue des comédiens qui furent les premiers à présenter *L'Épreuve* au public permet d'apercevoir les rapports entre l'invention du dramaturge et les contraintes de la représentation. En principe, « les Auteurs sont les maîtres du choix des Acteurs auxquels ils destinent leurs rôles », en respectant le genre de chacun[1]; il faut admettre que Marivaux a au moins approuvé la distribution des rôles. Mais on ne peut dire ni qu'il conçoit ses personnages en fonction des comédiens, ni qu'il ne tient aucun

---

l'acteur professionnel à être très consciemment et très froidement maître de son jeu et à ne pas s'abandonner à la sensibilité, François Riccoboni professait qu'il fallait beaucoup d'art pour atteindre au naturel : « Si l'on a le malheur de ressentir véritablement ce que l'on doit exprimer, on est hors d'état de jouer », écrivait-il dans son *Art du théâtre* (1750, cité par Xavier de Courville, *Luigi Riccoboni dit Lélio*, tome III, p. 224. Tout le chapitre XI de ce volume, « L'École des comédiens », est à lire, pour comprendre les différences entre le jeu au Théâtre-Français et le jeu au Théâtre-Italien, et les différences d'opinion entre François Riccoboni et son père Luigi).

1. « Règlements concernant la Comédie Italienne », au tome III des *Anecdotes dramatiques* de La Porte et Clément, p. 557.

compte des comédiens quand il imagine ses personnages ; il a voulu qu'Angélique fût jouée par Silvia et Mme Argante par Mlle Belmont, et a conçu ces personnages en pensant à leurs interprètes, et surtout à l'étendue de leurs talents, car chaque Angélique, chaque Mme Argante de ses comédies a son caractère propre, tout en ayant des traits communs avec les autres Angélique et les autres Mme Argante ; l'individualité théâtrale de ces comédiennes a pu l'inspirer, il ne s'y est pas asservi, et il serait absurde de voir en la Mme Argante et en l'Angélique de *L'Épreuve* une vieille maman anxieuse de ne pas laisser échapper un gendre riche et une fille déjà sur le retour ayant gardé toutes ses illusions, comme si l'âge des interprètes était celui des personnages. En revanche, des acteurs comme Romagnesi, François Riccoboni, De Hesse, Catherine Vincentini («la demoiselle Thomassin») pouvaient remplir avec talent différents emplois (valets, paysans, intendants, jeunes gens de bonne famille, pour les uns ; amoureuse, suivante, pour l'autre) sans qu'il y eût entre eux et le dramaturge cette intelligence, cette complicité qui avait lié Marivaux et Thomassin, qui liait encore Marivaux et Silvia. Ils étaient utilisés selon qu'ils étaient disponibles, s'ils n'avaient pas un emploi trop lourd dans les autres pièces du spectacle[1]. Marivaux s'est servi des Comédiens-Italiens, sans eux il n'aurait sans doute pas écrit de la même façon pour le théâtre, et ses pièces pour le Théâtre-Français, qui ont leurs caractères propres, ont aussi quelques traits qui viennent du Théâtre-Italien ; mais son originalité et sa liberté d'invention ne sont en rien limitées par les réalités du monde théâtral, et, sans ignorer qui furent ses interprètes, c'est à la lettre du texte que nous devons demander le sens de ses comédies.

Comédie en un acte, *L'Épreuve* a toujours été représentée au Nouveau Théâtre-Italien avec d'autres pièces, de

1. En une même séance, on pouvait représenter jusqu'à trois ou quatre comédies et utiliser plusieurs fois un même acteur

sorte qu'il est difficile de dire à laquelle le succès ou l'échec était dû ou même si le public ne portait pas un jugement d'ensemble sur la composition du spectacle. De novembre 1740 à février 1762, date à laquelle furent réunis le Théâtre des Italiens et celui de l'Opéra comique, *L'Épreuve* fut représentée environ cent vingt fois[1], en association avec environ cent vingt comédies différentes (dont huit de Marivaux lui-même). Ce grand nombre de reprises prouve au moins que *L'Épreuve* était pour les Italiens une ressource permanente, mais il n'apparaît pas que la présence de *L'Épreuve* ait été vraiment un facteur de succès. Dans la même séance pouvaient être présentées trois et même quatre comédies, suivies parfois d'un divertissement ou d'un ballet. En 1749, le rôle d'Angélique fut confié à Mme Favart, qui venait du théâtre de la Foire, et qui avait alors vingt-deux ans.

Le *Mercure* de novembre 1740 rendit compte de la première représentation : « Cette pièce a été très bien reçue du public. On l'a trouvée pleine d'esprit, simple en action et élégamment dialoguée. » Mais le rédacteur du *Mercure* n'était pas d'accord avec le public sur la simplicité de l'action : il jugeait « l'épisode de Blaise » inutile et fait seulement pour amuser. Son résumé de la pièce n'était pas exactement fidèle ; il faisait de « Mme Desmartins », mère de « Mariane », une « fermière ». Quant au dessein de soumettre Mariane à « l'épreuve », il l'expliquait par la « délicatesse » de Lucidor, soucieux de « s'assurer la possession du cœur avant que d'obtenir celle de la personne ». Il faut peut-être retenir l'idée d'un Lucidor délicat, alors que nos contemporains voient souvent en lui un tortionnaire le jeu de Romagnesi permettait sans doute cette interprétation. Le marquis d'Argenson, qui rédigeait souvent ses notes sur le théâtre d'après le texte édité, parle de *L'Épreuve* d'après la représentation : la pièce, selon lui, « perdrait

---

1. Les registres du *Nouveau Théâtre-Italien* publiés par Clarence O. Brenner étant lacunaires, nous nous en tenons à un nombre approximatif.

beaucoup à la lecture », parce que « le jeu de théâtre y fait presque tout » ; dans les comédies de Marivaux, il n'aimait guère que le jeu de « la divine Silvia ». Son résumé de la pièce est lui aussi inexact, et, comme le *Mercure*, il fait de Mme Desmartins la pauvre habitante d'un village à quelques lieues de Paris, qui n'a rien à donner à sa fille (d'Argenson note pourtant que cette pauvre villageoise a une suivante). Est-ce qu'à l'origine Mme Desmartins était en effet une villageoise, ou une fermière, et non la concierge du château, et Mariane « une paysanne » ? D'Argenson juge que « l'objet de la pièce est raisonnable » : pour un jeune homme richissime, épouser une pauvre paysanne serait en effet déraisonnable[1]. Délicat pour l'un, raisonnable pour l'autre : ces deux témoins de 1740 n'ont pas si mal compris Lucidor !

De 1762 à 1769, date à laquelle les comédies récitées en français furent supprimées du répertoire, *L'Épreuve* fut représentée environ vingt-cinq fois, en association avec environ trente-cinq pièces différentes. En 1779, c'est au contraire le répertoire italien qui fut supprimé et les pièces françaises rétablies : de 1779 à 1789, on compte entre trente et quarante représentations de *L'Épreuve* accompagnées de plus de quarante comédies différentes. Il y eut aussi au cours du siècle des représentations à Versailles, et des représentations sur des théâtres privés, dont l'une au moins mérite d'être signalée : c'est celle que Voltaire (qui n'aimait guère Marivaux) aurait fait donner aux Délices, en septembre 1760, avec sa tragédie d'*Alzire*[2].

La Révolution supprima le privilège des théâtres officiels et, en 1791, les Comédiens-Français se séparèrent pour former d'une part le Théâtre de la République, d'autre part le Théâtre de la Nation : pour l'ouverture du

---

1. Les *Notices sur les œuvres de théâtre*, du marquis d'Argenson, ont été publiées par Henri Lagrave dans les *Studies on Voltaire*, vol. 42 et 43, 1966.
2. Cité après Théodore Besterman par Frédéric Deloffre (Voltaire, *Correspondance*, t. V, p. 1113, n. 3, Gallimard, Bibliothèque de la Pléiade, 1993), d'après Perey et Maugras, *La Vie intime de Voltaire* (1885).

Théâtre de la République, le 27 avril 1791, Talma fit représenter le *Henri VIII* de M. J. Chénier et *L'Épreuve* de Marivaux ; *L'Épreuve* fut sifflée dès la quatrième scène et la représentation fut interrompue ; mais il n'y eut pas de trouble pour les représentations suivantes. Le 20 juillet 1793, le Théâtre de la Nation à son tour donna *L'Épreuve*, et cette comédie resta dès lors inscrite au répertoire du Théâtre-Français, reconstitué en 1799. Louise Contat, qui, avant la Révolution, avait créé le rôle de Suzanne dans *Le Mariage de Figaro* de Beaumarchais, joua celui d'Angélique jusque dans les premières années du XIXe siècle.

Au début de ce XIXe siècle, Mlle Mars fit ressortir dans le rôle d'Angélique une ingénuité qui suscita l'admiration de Stendhal, du critique Geoffroy, de la comédienne Mlle George[1], et qu'on essaya de retrouver en confiant ensuite le rôle à des actrices très jeunes, Suzanne Brocard, en 1812, qui avait quatorze ans, Mlle Anaïs, en 1826, qui avait quatorze ans aussi, ou plus tard, en 1873, au Gymnase, Maria Legault qui avait quinze ans. Mais l'ingénuité est rarement naturelle au théâtre, et il se créa à la Comédie-Française une façon de jouer Marivaux qui subsista jusqu'au XXe siècle et qui accrédita l'image d'un théâtre gracieux, joli, spirituel : « Quel bijou exquis ! » s'écriait Francisque Sarcey après une représentation de *L'Épreuve*[2]. La thèse de Gustave Larroumet, *Marivaux, sa vie et ses œuvres*, publiée en 1882, l'un des premiers travaux universitaires sérieux consacrés à Marivaux, est assez fidèle à cette image.

Sans vraiment renouveler l'interprétation traditionnelle, d'excellents comédiens à cette époque brillèrent dans les principaux rôles de *L'Épreuve*, Hélène Perdrière en 1928, Renée Faure en 1937, Micheline Boudet et Julien Bertheau en 1949. En 1954, la Comédie-Française, considérant avec

---

1. Renseignements fournis par Maurice Descotes, *Les Grands Rôles du théâtre de Marivaux*, Presses universitaires de France, 1972.
2. Dans *Le Temps*, du 26 janvier 1874 (cité par Gustave Larroumet, *Marivaux, sa vie et ses œuvres*... 1882, p. 221).

raison que les personnages devaient être très jeunes, confia le rôle de Lucidor à Jacques Toja et celui d'Angélique à Nelly Vignon : ces deux comédiens étaient des débutants. Les comptes rendus les plus favorables les jugèrent « charmants », « touchants », la représentation fut trouvée « gentille », offrant « tout le charme, toute la grâce exquise de Marivaux[1] ». En 1980, les idées sur Marivaux avaient bien changé, le « marivaudage » n'était plus à la mode, et l'on vit dans l'interprétation de *L'Épreuve* « un dépouillement méchant au service [d'une] écriture au scalpel » : Catherine Salviat, qui jouait alors Angélique, était « un petit animal qu'on torture, d'une gentillesse crucifiée jusqu'au cri », très éloignée du marivaudage, s'écartant des « mensonges » et des « dissimulations » habituelles à Marivaux, « cass[ant] la comédie ambiante par des reparties flamboyantes et par une rancune de classe, amère », et Patrice Kerbrat, qui jouait Lucidor, « manipul[ait] à sa guise » Angélique, « avec quelle cruauté perverse, quelle attentive tendresse »[2]. Il y eut même un critique aux yeux de qui cette manipulation fut insupportable : « Personnellement, si j'étais la demoiselle, je flanquerais une bonne paire de claques à cet imbécile pour lui exprimer tout le mépris que m'inspire son déplaisant procédé[3]. »

Au Marivaux précieux succédait en effet le Marivaux cruel et même sadique, qu'avaient déjà aperçu dans *L'Épreuve*, bien avant notre époque, un Jules Lemaître ou (pour le condamner) un Ferdinand Brunetière : pour Thierry Maulnier, le théâtre de Marivaux « est celui de la

---

1. Jean-Jacques Gautier dans *Le Figaro* du 12 novembre 1954 ; Robert Kemp dans *Le Monde* du 13 novembre ; anonyme, dans *Aux Écoutes* du 19 novembre.
2. Gilles Sandier, dans *Le Matin de Paris* du 19 novembre 1980 ; Michel Cournot, dans *Le Monde* du 18 novembre. Sur ces représentations de 1980, voir l'entretien avec le metteur en scène Jean-Louis Thamin dans *Comédie-Française*, n° 94, de décembre 1980, et l'article de Rhoda Dubois sur « La notion d'épreuve chez Marivaux », dans la même revue, n° 96, janvier 1981.
3. François Chalais, dans *France-soir* du 18 novembre 1980.

cruauté[1] » ; Lucidor est pour Louis Jouvet « un mufle ou un goujat » ; ou « un tortionnaire » qui fera peut-être « un mari exécrable », pour Gabriel Marcel qui pense expliquer ce personnage par la psychologie sartrienne : « La vérité est qu'il veut se voir, se sentir divinisé ; c'est là sans doute le moyen qu'il a découvert pour se justifier à ses propres yeux[2] » ; selon Pierre Lièvre, « *L'Épreuve* est abominable. On ne conçoit pas qu'un homme l'impose à une fille qu'il aime, ni que cette fille continue d'aimer après l'avoir subie[3] ».

Bien que *L'Épreuve* n'ait pas suscité chez les metteurs en scène d'avant-garde autant d'intérêt que *L'Île des Esclaves*, *La Dispute* ou *Les Fausses Confidences*, elle a été représentée sur de nombreux théâtres au cours de ces dernières décennies : en 1954-1955 par la Comédie de l'Est (mise en scène de Daniel Leveugle), avec *La Surprise de l'amour* ; en 1978, au théâtre Paul-Eluard de Choisy-le-Roi (le prospectus citait Jacques Lacan sur la femme qui veut être le phallus, et la *Justine* de Sade ; la mise en scène était de Marie-France Duverger) ; en 1984-1985, au Théâtre des Mathurins (mise en scène de J.-P. André) ; en mai 1985, à la Comédie de Genève, puis en novembre au Théâtre de Nanterre (mise en scène de Claude Stratz ; Lucidor, joué par Michel Voïta, était « pathétique et terrible[4] ») ; en juin 1985, à la Métaphore de Lille (mise en scène de Pierre Debauche) ; en juin 1988, à l'Hôtel des Monnaies, dans une mise en scène de Jean-Louis Bihoreau, avec *À quoi rêvent les jeunes filles*, de Musset ; en novembre 1988, au Théâtre des Déchargeurs (mise en scène de Vicky Messica) ; en janvier 1989, au

---

1. Cité par Edward J. H. Greene, *Marivaux*, University of Toronto Press, 1965, p. 336.
2. Cités par Bernard Dort, édition du *Théâtre* de Marivaux, Le Club français du Livre, 1962, vol. 4, p. 398. L'article de Gabriel Marcel avait paru dans *Les Nouvelles littéraires* du 21 février 1946.
3. Dans le *Mercure de France* du 1er mai 1937 (cité par Kenneth Mac Kee, *The Theatre of Marivaux*, New York University Press, 1958, p. 238).
4. Selon Marion Scali, dans *Libération* du 25 mai 1985. *Le Legs* était au même programme.

Théâtre 13, dans une mise en scène de Jean-Pierre Miquel, avec *Les Sincères*; en novembre-décembre 1989, au Théâtre du Campagnol, dans une intégrale des pièces en un acte de Marivaux (mise en scène de Jean-Claude Penchenat); en novembre 1991, par la Compagnie Hubert Jappelle (mise en scène du directeur de la Compagnie); la liste devrait être plus longue, mais nous n'avons pas pu réunir toutes les informations nécessaires pour la compléter. Des comptes rendus que nous avons lus, il résulte assez généralement que Lucidor torturait Angélique, et que celle-ci découvrait plutôt le désespoir que l'amour partagé.

La représentation de *L'Épreuve* conçue par Claude Santelli pour la télévision (sur TF1, avril 1982) mérite une mention à part. La pièce était jouée en plein air, dans un parc et un pavillon près de Chantilly. La beauté du décor naturel, le libre espace dont disposaient les acteurs, l'excellence de ces acteurs dont le plaisir à jouer était sensible (avec Magali Renoir en Angélique, André Dussolier en Lucidor, Jacques Villard en Blaise, Jean-Luc Moreau en Frontin, Tsilla Chelton en Madame Argante, Virginie Pradal en Lisette), tout rendait évidents la gaieté et le profond optimisme de la pièce. La presse pourtant y vit «l'une des plus cruelles pièces de Marivaux», «une machine matrimoniale dirigée par les hommes, dont les victimes sont du sexe opposé», un final «exagérément sombre», «des affrontements durs, rapides, blessants», etc.[1]. Peut-être en était-il ainsi : un grand dramaturge s'ouvre à toutes les interprétations et permet à chacun de vivre par délégation ses rêves, ses regrets, ses bonheurs et ses tristesses.

---

1. Marc Giannessini, dans *Le Monde* du 8 avril 1982; Pierre Lepape, dans *Télérama* du 7 avril.

ÉLÉMENTS DE BIBLIOGRAPHIE

I. ÉDITIONS DU THÉÂTRE DE MARIVAUX

FOURNIER, Jean et BASTIDE, Maurice, *Théâtre complet de Marivaux*, Éditions nationales (collection « Les Classiques verts ») 1947, 2 vol.

DORT, Bernard, *Théâtre de Marivaux*, Le Club français du Livre, 1662, 4 vol.

DORT, Bernard, *Théâtre complet de Marivaux*, Le Seuil, 1964.

DELOFFRE, Frédéric, *Théâtre complet*, Classiques Garnier, 1968, 2 vol.; nouvelle édition revue et mise à jour avec la collaboration de Françoise Rubellin, 1989-1992 (rééd. dans la Pochothèque, Hachette, 2000).

COULET, Henri et GILOT, Michel, *Théâtre complet*, Gallimard, « Bibliothèque de la Pléiade », 1993-1994, 2 vol.

II. ÉDITIONS SÉPARÉES DE *L'ÉPREUVE*

MARQUET, Pierre-Bernard (avec *Arlequin poli par l'amour*), Classiques Larousse, 1953.

GOLDZINK, Jean (avec *La Dispute* et *Les Acteurs de bonne foi*), GF-Flammarion, 1991.

III. BIBLIOGRAPHIE

DELOFFRE, Frédéric, «État présent des études sur Marivaux», *L'Information littéraire*, novembre-décembre 1964.
COULET, Henri, «État présent des études sur Marivaux», *L'Information littéraire*, mars-avril 1979.
RIVARA, Annie, «État présent des études sur Marivaux», *Dix-huitième Siècle*, n° 27, 1995.

IV. HISTOIRE DU THÉÂTRE

ARGENSON, marquis d', «Notices sur les œuvres de théâtre» publiées par Henri LAGRAVE, *Studies on Voltaire and the XVIIIth Century*, n°s 42-43, 1966.
PARFAICT, François et Claude, *Dictionnaire des théâtres de Paris*, 1756, 7 vol.
JULLIEN, Jean-Auguste, dit DESBOULMIERS, *Histoire anecdotique et raisonnée du théâtre italien, depuis son rétablissement en France jusqu'à l'année 1769*, Lacombe, 1769, 7 vol.
CLÉMENT, Jean-Marie et LA PORTE, abbé Jean-Barthélemy de, *Anecdotes dramatiques*, Veuve Duchesne, 1775, 3 vol.
ORIGNY, Antoine d', *Annales du théâtre Italien depuis son origine jusqu'à nos jours*, Veuve Duchesne, 1788, 3 vol. (Slatkine Reprints, Genève, 1970).
CAMPARDON, Émile, *Les Comédiens du roi de la troupe italienne pendant les deux derniers siècles*, Berger-Levrault, 1880, 2 vol.
LINTILHAC, Eugène, *Histoire générale du théâtre en France*, IV : *La Comédie. Dix-huitième siècle*, Flammarion, 1909.
COURVILLE, Xavier de, *Un apôtre de l'art du théâtre au XVIIIe siècle. Luigi Riccoboni, dit Lélio*, tome I, *1676-1715, L'Expérience italienne*, Droz, 1943; tome II, *1716-1731, L'Expérience française*, Droz, 1945; tome III, *1732-1753, La Leçon*, Librairie théâtrale, 1958.
ATTINGER, Gustave, *L'Esprit de la commedia dell'arte dans le théâtre français*, Neuchâtel, La Baconnière, 1950.

BRENNER, Clarence D., *The Théâtre italien, its Repertory, 1716-1793*, Berkeley, University of California Press, 1961.
LAGRAVE, Henri, *Le Théâtre et le Public à Paris de 1715 à 1750*, Klincksieck, 1972.
SCHÉRER, Jacques, *Théâtre et anti-théâtre au XVIIIe siècle*, Oxford, Clarendon Press, 1975.
ROUGEMONT, Martine de, *La Vie théâtrale en France au XVIIIe siècle*, Honoré Champion, 1988.
BARIDON, Michel et JONARD, Norbert (éd.), *Arlequin et ses masques*, Dijon, EUD, 1992.
RALLO, Élisabeth (éd.), *Le Valet passé maître. Arlequin et Figaro*, Ellipses, 1998.

V. ÉTUDES GÉNÉRALES SUR MARIVAUX

LARROUMET, Gustave, *Marivaux, sa vie et son œuvre d'après des documents nouveaux*, Hachette, 1882 (édition abrégée, Paris, 1884).
ROY, Claude, *Lire Marivaux*, Neuchâtel, Le Seuil, 1947.
ARLAND, Marcel, *Marivaux*, Gallimard, 1950.
GAZAGNE, Paul, *Marivaux par lui-même*, Le Seuil, 1954.
DELOFFRE, Frédéric, *Une préciosité nouvelle. Marivaux et le marivaudage*, Armand Colin, 1955 (nouvelle édition 1967 ; Slatkine Reprints, 1993).
ROUSSET, Jean, « Marivaux et la structure du double registre », *Forme et signification*, José Corti, 1962 (article de 1957).
GREENE, Edward J. H., *Marivaux*, University of Toronto Press, 1965.
DORT, Bernard, « À la recherche de l'amour et de la vérité », *Théâtre public*, Le Seuil, 1967 (article de 1962).
LAGRAVE, Henri, *Marivaux et sa fortune littéraire*, Saint-Médard-en-Jalles, Ducros, 1970.
HAAC, Oscar, *Marivaux*, New York, Twayne Publishers, 1973.
COULET, Henri et GILOT, Michel, *Marivaux. Un humanisme expérimental*, Larousse, 1973.

TRAPNELL, William, *Eavesdroppig in Marivaux*, Genève, Droz, 1987.
CULPIN, David J., *Marivaux and Reason. A Study in Early Enlightenment Thought*, Francfort, Berne, Paris, Peter Lang, 1993.
GILOT, Michel, *L'Esthétique de Marivaux*, SEDES, 1998.

VI. COLLOQUES, NUMÉROS SPÉCIAUX, RECUEILS

« Comédie italienne et théâtre français », *Cahiers de l'Association internationale des études françaises*, XV, 1963.
Le Triomphe de Marivaux (Magdy G. BADIR et Vivien BOSLEY, éd.), Edmonton, 1989.
Visages de Marivaux (David J. CULPIN, éd.), *Romance Studies*, n° 15, hiver 1989.
Vérités à la Marivaux (Raymond JOLY, éd.), *Études littéraires*, XXIV, n° 1, Québec, Université Laval, été 1991.
Marivaux d'hier, Marivaux d'aujourd'hui (Henri COULET, Jean EHRARD et Françoise RUBELLIN, éd.), Éditions du CNRS, 1991.
Marivaux e il teatro italiano (Mario MATUCCI, éd.), Pacini Editore, Ospedaletto, 1992.
Marivaux et les Lumières (Henri COULET et Geneviève GOUBIER, éd.), 2 vol., Aix-en-Provence, 1996.
Marivaux (Michel DELON, éd.), *Europe*, n°s 811-812, nov.-déc. 1996.
Masques italiens et comédie moderne (recueil d'articles sous la direction d'Annie RIVARA), Orléans, 1996.

La *Revue Marivaux*, éditée par la Société Marivaux, publie annuellement depuis 1990 des études sur Marivaux et des comptes rendus de travaux et de spectacles.

VII. ÉTUDES SUR LE THÉÂTRE DE MARIVAUX

Mac Kee, Kenneth, *The Theatre of Marivaux*, New York University Press, 1958.

Meyer, Marlyse, *La Convention dans le théâtre d'amour de Marivaux*, Universidade de São Paulo, 1961.

Rigault, Claude, *Les Domestiques dans le théâtre de Marivaux*, A. G. Nizet, 1968.

Papadopoulou Brady, Valentini, *Love in the Theatre of Marivaux*, Genève, Droz, 1970.

Desvignes-Parent, Lucette, *Marivaux et l'Angleterre. Essai sur une création dramatique originale*, Klincksieck, 1970.

Descotes, Maurice, *Les Grands Rôles du théâtre de Marivaux*, PUF, 1972.

Bonhôte, Nicolas, *Marivaux et les machines de l'opéra*, Lausanne, L'Âge d'homme, 1974.

Lacant, Jacques, *Le Théâtre de Marivaux en Allemagne. Reflets de son théâtre dans le miroir allemand*, Klincksieck, 1975.

Scapagna, Antoine, *Entre le oui et le non. Essai sur la structure profonde du théâtre de Marivaux*, Berne, H. Lang, 1978.

Deguy, Michel, *La Machine matrimoniale ou Marivaux*, Gallimard, 1981.

Pavis, Patrice, *Marivaux à l'épreuve de la scène*, Publications de la Sorbonne, 1986.

Poe, George, *The Rococo and Eighteenth Century French literature. A Study through Marivaux's Theatre*, New York, Peter Lang, 1987.

Sanaker, John-Kristian, *Le Discours mal apprivoisé*, Didier, 1987.

Dabbah El-Jamal, Choukri, *Le Vocabulaire du sentiment dans le théâtre de Marivaux*, Honoré Champion, 1995.

Boudet, Micheline, *La Comédie italienne : Marivaux et Silvia*, Albin Michel, 2001.

VIII. ÉTUDES SUR *L'ÉPREUVE*

WALKER, Hallam, « *L'Épreuve* : comic test and truth », *L'Esprit créateur*, t. I, n° 4, 1961, p. 184-189.

MONOD, Richard, « Marivaux dans une classe préparatoire littéraire », *Le Français aujourd'hui*, 1971, n° 1, p. 25-36.

SCAPAGNA, Antoine, « *L'Épreuve* et/ou le Jeu et les Preuves », *Baroque*, n° 12 (cahiers du Centre international de synthèse du baroque, Montauban), 1987, p. 175-182.

SCAPAGNA, Antoine, « Le Jeu linguistique et l'Épreuve dans *L'Épreuve* », *Mélanges offerts à Frédéric Deloffre. Langue, littérature du XVIIe et du XVIIIe siècle*, SEDES, 1990, p. 393-404.

L'Épreuve (avec *La Dispute* et *Les Acteurs de bonne foi*), édition établie par Jean Goldzink, Garnier-Flammarion, 1991.

NOTES

Page 34.

1. *Acteurs* : Ceux qui agissent dans la pièce, les personnages. Sur la distribution des rôles, voir *L'Épreuve* à la scène, p. 116-122.
2. *Frontin* : « Frontain », dans l'édition originale, pour toutes les occurrences du mot.
3. L'indication scénique donnée par les éditions modernes : « La scène se passe à la campagne, dans une terre appartenant depuis peu à Lucidor » est due à Duviquet (éditeur des *Œuvres complètes* de Marivaux, 1825-1830, trop souvent infidèle au texte original) et ne figure dans aucune édition du XVIIIe siècle.

Page 35.

1. *L'habit de maître* s'oppose à la livrée, dont Frontin doit être ordinairement revêtu.
2. *Figure* : Apparence extérieure.

Page 36.

1. *Un petit garçon* : Un petit domestique.
2. *Vous êtes plus aimable qu'elle* : Dans certaines maisons, le domestique ne pouvait se marier, et son mariage entraî-

naît son renvoi. Même si la repartie de Frontin est destinée à flatter Lucidor, elle confirme une entente traditionnelle au théâtre entre le maître et le valet, entente qui va jusqu'à la complicité. On notera la reprise du mot «aimable» d'une réplique à l'autre, procédé familier à Marivaux et qui met de la vivacité dans le dialogue.

3. *Les bourgeois* de campagne ne tiraient par leurs revenus de la terre, mais de leurs rentes ou de petits offices d'intendance, de justice ou de finance. La fonction de concierge, au XVIIIe siècle, comportait plus de responsabilité qu'elle n'en comportera à partir du XIXe : le concierge (plus habituellement un homme) veillait au travail des domestiques et à la bonne administration du domaine en l'absence du maître.

4. *Gaillarde* : À la fois gaie et licencieuse. Dans *Le Paysan parvenu*, le premier patron de Jacob voudrait lui faire épouser Geneviève et endosser à sa place la paternité de l'enfant à naître (Première partie, p. 50-70 de l'édition présentée, établie et annotée par Henri Coulet, Gallimard, Folio classique, 1981).

5. *Dans une partie de piquet* à trois, le premier qui avait atteint un nombre de points fixé se retirait et laissait les deux autres continuer la partie.

Page 37.

1. *Sur le pied de* : «En qualité de», «en situation de»

2. *Pour le refuser* : «Pour refuser cet homme riche et mon ami». À partir de l'édition Duchesne des *Œuvres de théâtre*, en 1758, apparaît la leçon «pour te refuser», maintenue dans quelques éditions modernes, et qui est erronée.

Page 38.

1. *Hem ?* : «Hein ?» en français actuel.

Page 39.

1. Sur la *fortune de Lucidor*, voir notre Préface, p. 22, n. 2.

Page 41.

1. *Ne reparais* : « Ne parais », à partir de 1758, variante sans autorité.
2. *En riche fermier* : Et non pas couvert d'une souquenille ou d'une blouse de paysan.
3. *Morgué* : Forme patoisante du juron « mordieu » (« par la mort de Dieu »), à valeur de simple exclamation.

Page 42.

1. *Au moins* : « S'emploie quelquefois seulement par énergie, et pour donner plus de force à ce que l'on dit » (*A.T.*).

Page 43.

1. *Cette petite criature-là* : « Cette criature-là », à partir de 1758 ; variante sans autorité.
2. *Qu'en vous porte* : « Qu'on vous porte », à partir de l'édition de 1747 et dans la plupart des éditions modernes.
3. *Conte ma chance* : Selon Furetière (*Dictionnaire universel [...]*, 1re édition, 1690), l'expression « conter ma chance » signifie « conter ses aventures, sa bonne ou sa mauvaise fortune », mais *A.T.* ne retient que le sens péjoratif, « conter ses malheurs, ses déplaisirs », plus approprié ici, car Blaise souffre d'amour et a besoin de « remède ».
4. La phrase étant interrompue, le point de l'édition originale est remplacé par des points de suspension dans les éditions modernes. Voir la Note sur cette édition, p. 32.
5. *Roger-Bontemps* : « Il se dit d'un homme de belle humeur, et qui aime la bonne chère » (*A.T.*).

Page 44.

1. *Honnête* signifie : « honorable » et ne qualifiait originairement que les personnes de la noblesse. Dans *Le Paysan parvenu*, Jacob, n'osant dire clairement que son père est un paysan, se présente comme « le fils d'un honnête homme qui demeure à la campagne » (Quatrième partie, *op. cit.*, p. 276).

2. *Jarnigué* : Autre juron patoisant, pour « jarnidieu » (« je renie Dieu »), simplement exclamatif.

3. *Fouler* : Au sens figuré, « surcharger, opprimer » (*A.T.*).

4. *Bian chanceuse* : « C'est un homme *bien chanceux* ; p[our] d'[ire] entre les mains duquel rien ne réussit » (*A.T.* ; voir *supra*, p. 43, n. 3).

5. *Cousin gearmain* : « garmain » dans l'édition originale. La saignée était le remède universel, et était généralement pratiquée par un barbier.

6. *Jarni* : abréviation de *jarnigué*.

Page 45.

1. *Boutez-vous là* : « Placez-vous là. »

2. *Ni plus ni moins* : « Ni pus ni moins », dans les éditions du XVIIIe siècle postérieures à l'originale, sauf celle de 1760.

Page 47.

1. *Plus que personne* : « Pus que parsonne », dans les éditions du XVIIIe siècle postérieures à l'originale, sauf celle de 1760.

2. *Drès que* : « Dès que », « sitôt que », dans le langage prêté aux paysans.

3. *Glorieux* : « Vain, superbe » (*Richelet portatif*), que sa fierté rend difficile.

4. *Choisi* : L'accord du participe, normal en cette position, est fait à partir de l'édition de 1758.

5. *On se revirera* : « On se retournera », « on se reportera ».

Page 48.

1. *Le petit garçon* : Le domestique (comme nous l'avons vu, *supra* p. 36, n. 1), l'assistant du maître-vigneron. Le château de Lucidor est dans une région à la fois agricole (Blaise exploite plusieurs fermes) et viticole, « à quelques lieues de Paris », selon d'Argenson : le texte ne donne sur ce point aucune indication, mais Frontin semble être venu sans étape de la capitale, ce qui est possible si l'on se rend en Champagne, qui était aussi le pays de Jacob, dans *Le Paysan parvenu*.

Page 50.

1. *Stependant* : La forme habituelle du mot est « stapendant », c'est ce que donnent l'édition de 1758 et les éditions ultérieures et c'est la forme qu'on trouve un peu plus bas, scène 5.
2. *Bailler* : « Donner. »

Page 51.

1. *Établir* : « Établir une fille, p[our] d[ire] la marier » (*A.T.*). Voir plus loin, scène 6, « établissement ».

Page 52.

1. *Magnifique* : « Qui fait des dépenses éclatantes » (*A.T.*). « Un cœur tout d'or » : Blaise joue sur le nom de Lucidor.
2. *Fantaxes* est la leçon de l'édition originale. Toutes les autres éditions donnent « fantasques ».
3. *Original* : Le mot est le plus souvent péjoratif et signifie « extravagant », « ridicule » ou « bizarre ». La phrase suivante de Lisette confirme ce sens.

Page 53.

1. *Particulier* : « Singulier, extraordinaire, peu commun » (*Acad.* 1762).

Page 54.

1. *Rêver*: Réfléchir, se plonger dans la réflexion. Voir *infra*, p. 59, n. 2.

2. *Lisette riant*: « Lisette criant », dans l'édition originale, sans doute par une faute d'impression.

Page 55.

1. *Je sis bridé, moi*: Le texte de l'édition de 1758 reproduit par les éditions ultérieures du xviii" siècle et les éditions modernes: « Je sis bridé, mais », nous paraît moins expressif. *Bridé*: Blaise a « lâché la bride » à Lisette, mais lui est condamné à plus de retenue.

Page 56.

1. *La personne*: « La parsonne », dans l'édition de 1758, les éditions ultérieures du xviii" siècle et les éditions modernes (sauf celle des Classiques Garnier), pour mettre dans la langue paysanne une régularité dont Marivaux ne se souciait pas.

Page 57.

1. *Guierre*: « Guère », dès l'édition de 1747 et dans toutes les éditions ultérieures.

Page 59.

1. *Rêver* a ici le sens, qu'il a conservé, de songer.

Page 61.

1. *Prenez-le*: Sur cette réplique d'Angélique et sur tout son rôle dans cette scène, voir notre Préface, p. 29.
2. *Prend*: « Le prend », 1747; « prend un bouquet », dans les éditions ultérieures du xviii" siècle.

Page 63.

1. *En ce qui lui plaira* : « En ce qu'il lui plaira », texte de toutes les éditions depuis celle de 1747, nous paraît moins convenir au style simple d'Angélique, bien qu'au XVIIIe siècle la prononciation soit la même pour les deux versions.

Page 64.

1. *J'avoue avec joie* : « Je vois avec joie », dans l'édition de 1758 et dans toutes les éditions ultérieures du XVIIIe siècle ainsi que dans quelques éditions modernes.
2. *Comme quoi* est du langage familier, et ici provincial.

Page 66.

1. *Gloire* : Orgueil égoïste, voir *supra* p. 47, n. 3.

Page 68.

1. *Et*, en tête de phrase, se confond avec « eh! », qui est plus fréquent et que donnent les éditions modernes. Dans la réplique suivante d'Angélique, *Eh si fait* est remplacé en 1757 par « Et si fait », texte adopté par toutes les éditions ultérieures et la plupart des éditions modernes.

Page 69.

1. *Comme surpris* et, scène 11, première indication scénique, *paraît embarrassé* : Lucidor est réellement surpris et Frontin réellement embarrassé, mais ces indications s'adressent aux acteurs, qui doivent produire l'apparence des sentiments effectivement éprouvés par les personnages ; elles s'adressent aussi, comme dans quelques autres passages, assez rares, dans le théâtre de Marivaux, au lecteur, qui doit s'interroger sur ces apparences, difficiles à interpréter. Sur la surprise manifestée par Lucidor, voir la Préface, p. 13, n. 1.

2. *Immobilité*: L'édition originale donne par erreur « immortalité » ; la faute est corrigée dès l'édition de 1747.

Page 70.

1. *Langoureux*: Nous dirions « languissant », mais le participe adjectivé semble n'avoir servi au xviiie siècle qu'à qualifier un état physique (voir les indications scéniques concernant Angélique au début de la scène 19).

Page 71.

1. *La place Maubert*, dans l'actuel cinquième arrondissement, le quartier « le plus bourgeois » de Paris, selon Furetière (*Le Roman bourgeois*, 1666, éd. de Jacques Prévot, Gallimard, Folio classique, 1981, p. 30).

Page 72.

1. *Étoffe*: Selon A.T., le mot signifie aussi, au figuré : « condition ».
2. *N'était le désagrément*: « Si ce n'était le désagrément » dans toutes les éditions du xviiie siècle à partir de 1747.

Page 73.

1. *Ce n'est pas à moi à qui vous parlez*: La construction moderne, avec la conjonction *que* au lieu du relatif précédé de la préposition, n'est habituelle que depuis la fin du xviiie siècle.
2. *Particulier*: Voir *supra*, p. 53, n. 1.

Page 74.

1. Sur cette scène, voir la Préface, p. 26.
2. *Pris*: Cas particulier de l'absence d'accord du participe ; voir, scène 14, « je ne me suis point aperçu », dans la réplique de Lisette.

3. *Si il*: L'élision («s'il») a été introduite dans les éditions de 1747 et 1781 et dans les éditions modernes. Encore de nos jours, elle est souvent évitée dans la langue parlée.

Page 75.

1. *Tant pis*: Lisette, qui a servi chez une dame de la capitale et qui est la suivante de Mme Argante, n'emploie pas le familier et populaire «tant pire».
2. *Gaillards*: Ici, simplement au sens de «gais».

Page 76.

1. *Boutez-vous*: Voir *supra*, p. 45, n. 1.
2. Sur la ponctuation, voir *supra*, p. 43, n. 4 et la Note sur cette édition, p. 32.
3. *Je n'aurais pas*: «Je n'aurai pas», dans l'édition de 1747 et toutes les éditions ultérieures, pour l'accord syntaxique avec la phrase principale, dans la réplique précédente de Lisette. Mais Lisette a été interrompue, et à la «supposition» de Blaise elle ne peut répondre que par un conditionnel. Dans les répliques suivantes, le futur *Qu'en ferez-vous?* s'accorde au contraire avec le présent *Si ça est vrai*.

Page 77.

1. *Je le garde* répond à: *Qu'en ferez-vous?* et signifie: «Je ne le dis pas.»

Page 78.

1. *Pour le peu que*: *Féraud* juge cette expression propre seulement à «quelques auteurs».

Page 79.

1. *Le mariage étonne l'innocence*: Frontin reprend le mot de Lisette (*étonnement*) et celui de Mme Argante en modi-

fiant leur sens : *étonner* signifie « frapper de stupeur » et *innocence* ne signifie pas, comme l'entendait Mme Argante, le fait d'être incapable de désobéissance à sa mère et de grossièreté envers un honnête homme inconnu, mais l'ignorance, la simplicité naïve, défauts (ou qualités) qu'il juge bien étrangères à Angélique.

2. *Tout à l'heure* : « Tout de suite » (*A.T.*).

3. *Je n'ai pas dû deviner* : « Je n'étais pas forcé de deviner. »

Page 80.

1. *Vous n'avez point encore vu ma personne* : « Encore vu personne », dans l'édition originale, ce qui est certainement un bourdon.

2. *Rebuter* : « c'est, en parlant des *personnes* en régime, rejeter avec dureté, avec rudesse » (*Féraud* ; « en régime » signifie : « en fonction de complément d'objet direct »).

Page 82.

1. *Étourdi* : « Imprudent, inconsidéré, qui fait les choses avec précipitation et sans en considérer les suites » (*A.T.*).

2. *Frontin* : Réplique attribuée à Lisette dans l'édition de 1781 et dans quelques éditions modernes. Voir la Préface, p. 26.

3. « *Merci Dieu, merci de ma vie*, est une manière de jurer dont se servent les femmes de la lie du peuple. » (*A.T.*). « Exclamation populaire » dit seulement *Féraud*.

4. *Renoncer* : « Renier, désavouer quelqu'un ou quelque chose » (*A.T.*).

Page 83.

1. *Qu'il vous vienne un prince* : « Qu'il vienne un prince » dans l'édition de 1758 et dans toutes les éditions ultérieures.

2. *C'est que* : Tournure familière, qui contribue à la viva-

cité de toute la réplique, caractéristique du jeu de l'actrice Silvia.

3. *Ce qui vous plaira* : « Ce qu'il vous plaira », dans toutes les éditions à partir de 1747. Voir *supra*, p. 63, n. 1.

Page 84.

1. *Vous êtes honnête homme* : Voir *supra*, p. 44, n. 1. La qualification morale est inséparable de la désignation sociale.
2. *Pour un autre* : « Pour une autre », dans toutes les éditions à partir de 1758. Mais « un autre » était employé aussi bien pour le féminin que pour le masculin, comme, dans la langue actuelle, « quelqu'un d'autre ».
3. *Une fois* : Expression de l'impatience, « une bonne fois », « enfin ».

Page 85.

1. *Vous êtes bien honnête* : Expression toute faite de politesse bourgeoise, peut-être ironique après le compliment adressé plus haut à l'« honnête homme ».
2. *Conditionné* : « Il se dit [...] des choses qui ont toutes les qualités requises pour être bonnes » (*A.T.*).

Page 86.

1. *À part les premiers mots* : La phrase prononcée à part constitue le début de la réponse à la question posée par Lucidor, réponse qu'Angélique fait pour elle-même ; Lucidor renouvelle sa question, et Angélique répond cette fois par une tirade. À partir de 1747, toutes les éditions, y compris *Pléiade*, donnent seulement : « À part. »
2. *Et qui* : « Eh ! qui » dans les éditions modernes.

Page 88.

1. *Je les ramasserai* : L'indicatif suppose une subordon-

née conditionnelle, « si vous les jetez », et traduit la promptitude intéressée de Lisette.

2. *J'en prendrai* : Nous maintenons le futur, remplacé dans toutes les éditions dès 1747 par un conditionnel. La discordance des modes (voir *supra*, la note précédente et p. 76, n. 3) n'est pas étrangère à la langue de Marivaux, et dans cette scène Angélique se laisse emporter par le dépit.

Page 90.

1. *Hors Monsieur Lucidor* : « Hormis Monsieur Lucidor » dans toutes les éditions à partir de 1747. Sur le sens d'*envier*, voir la Préface, p. 28.

2. *De bien le croire ?* : Le point d'interrogation marque l'indignation. La phrase *vous ne croirez pas* reprend celle de Lucidor (*Je ne croirai jamais*). Dans les éditions postérieures à l'originale et dans les éditions modernes, on trouve un point d'interrogation ou d'exclamation après la première phrase, et un point final à la seconde. Nous pensons que la ponctuation de 1740 exprime mieux le ton animé d'Angélique.

Page 91.

1. *Et*, supprimé dans l'édition de 1747 et toutes les éditions ultérieures (sauf les plus récentes : Deloffre, Deloffre et Rubellin, Goldzink) par un malencontreux souci de correction syntaxique dont nous avons déjà rencontré plusieurs exemples.

2. Sur cette *haine*, et sur toute la scène, voir la Préface, p. 25-26.

Page 92.

1. *Obstiner* quelqu'un : « Rendre opiniâtre, être cause qu'on s'obstine » (*A.T.*).

2. *Ah çà, Demoiselle* : « Ah çà, Mademoiselle », dans l'édi-

tion de 1747 et toutes les éditions ultérieures (sauf Goldzink).

Page 93.

1. Dans l'édition originale, le nom de *Mariane* a subsisté au lieu de celui d'*Angélique* pour cette réplique et pour la dernière réplique de la scène, ainsi que pour toutes les répliques des scènes 20 et 21. La rectification a été faite dès l'édition de 1747.

Page 94.

1. *Sur ce pied-là* : « Dans ces conditions » (cf. scène 1, p. 37, n. 1.).
2. *Da* : Comme dans « oui da », pour renforcer l'affirmation.
3. *Chèrement* : Le mot est évidemment équivoque.

Page 95.

1. La reprise de la conjonction *que* après une proposition incise était courante dans la langue jusqu'au milieu du xviie siècle ; le seul autre exemple dans le théâtre de Marivaux est à la scène 3 de l'acte IV des *Serments indiscrets*. Dans les deux cas, cet archaïsme est expressif : ici, de l'abattement et de la force du refus d'Angélique ; dans *Les Serments indiscrets*, de l'embarras de Frontin qui veut expliquer à Phénice que Damis ne l'aime pas (*Pléiade*, t. 1, p. 705).

Page 96.

1. Au début de l'acte V des *Serments indiscrets* (1732), M. Orgon a souscrit au mariage de sa fille Phénice et de Damis, que son autre fille Lucile a refusé par dépit, et au dénouement Lucile épouse Damis ; à l'avant-dernière scène

du *Petit-maître corrigé* (1734), tout semble arrangé pour le mariage de Rosimond avec Dorimène, et au dénouement Rosimond épouse Hortense, pour laquelle il n'avait pas osé avouer son amour.

2. *Vartigo* : « Vertige » se dit au figuré pour dire « égarement, folie ». On dit aussi « vertigo », mais dans le burlesque pour signifier « caprice, fantaisie » (Académie). Le *vertigo* est une maladie du cheval.

Page 97.

1. L'édition de 1760 et toutes les éditions ultérieures complètent l'indication scénique en précisant que Blaise s'adresse *à Lucidor*.

2. *Fiancer* : Cette construction du verbe est encore admise par Littré, mais avec un exemple de Bossuet.

Page 98.

1. *Entendu* : Le participe est accordé dans l'édition de 1747 et dans toutes les éditions ultérieures.

2. *Aussi bien que vous* : « Aussi bien que vous eussiez pu croire que je vous aimais », mais la maladresse de la phrase laisse entendre : « Aussi bien que vous le croyiez, ou le donniez à croire vous-même. »

3. *L'auteur des idées qu'on a eu là-dessus ; les manières que vous avez eues pour moi* : sur cette discordance dans l'accord du participe, voir la Note sur cette édition, p. 31-32.

4. *Lucidor revenant* : Cette indication scénique implique que Lucidor s'est écarté et allait se retirer ; elle n'est présente que dans l'édition originale et a été supprimée dans toutes les autres (sauf Deloffre, Deloffre-Rubellin, Goldzink), parce que Marivaux n'a pas jugé utile de donner l'indication « Lucidor s'éloigne », qui justifierait celle-ci. Cette fausse sortie est pourtant d'une importance capitale, et de son interprétation dépend toute l'interprétation du caractère de Lucidor. Voir la Préface, p. 16-17. Les mots

«si vous n'y êtes plus» dans une réplique d'Angélique, un peu plus loin, et «si je restais», dans une réplique de Lucidor, confirment le jeu de scène. Un jeu de scène analogue, mais où les rôles étaient inversés, avait eu lieu dans la scène 20.

Page 99.

1. *Lucidor se mettant tout à fait à genoux* : Lucidor a sans doute ployé un genou en offrant le portrait à Angélique.

Page 100.

1. *Aux genoux de ma fille* : Dans la dernière scène du *Petit-maître corrigé* (1734), le Comte, père d'Hortense, après avoir souscrit au projet de mariage entre Rosimond et Dorimène, surprend Rosimond à genoux devant Hortense et pousse une exclamation analogue à celle de Mme Argante.
2. L'expression *de reste* signifie «plus qu'il ne faut», «au-delà de ce qu'on peut souhaiter», mais la tournure bizarre employée par Mme Argante révèle qu'elle est d'abord sensible à l'énorme fortune de Lucidor.

Page 101.

1. Après l'approbation de Crébillon, l'éditeur de l'édition originale a inséré la note suivante : «On observera que Mariane et Angélique ne sont que la même personne, qui n'a ici ces deux noms que par une méprise dont on s'est aperçu trop tard pour la corriger.»
2. Ce *vaudeville* est absent de toutes les éditions du XVIIIe siècle où figure *L'Épreuve*. On le trouve au volume Ier de l'édition du *Nouveau Théâtre-Italien, ou Recueil général des comédies représentées par les Comédiens-Italiens ordinaires du Roi, nouvelle édition corrigée et augmentée* [...], à Paris, chez Brisson, 1753, en 10 volumes. Ce premier volume contient les divertissements des pièces qui n'ont pas été recueillies

dans l'édition, dont *L'Épreuve* est en effet absente. Le texte est aux pages 255-256, la musique page 109 du cahier musical dont la pagination est séparée. Le texte du vaudeville a été reproduit par Desboulmiers en 1769 dans son *Histoire anecdotique et raisonnée du Nouveau Théâtre-Italien*. Ni Desboulmiers, ni l'édition de Briasson n'indique comment les strophes sont réparties entre les personnages. La plupart des éditions modernes attribuent les strophes successivement à Mme Argante, Lisette, Frontin, Maître Blaise, Lucidor et Angélique. Les éditions Deloffre et Deloffre-Rubellin (Classiques Garnier), imitées par plusieurs éditions récentes, attribuent à Lisette la 5e strophe en plus de la 2e, mais il serait anormal qu'un même personnage chantât deux strophes et que Lucidor, personnage principal avec Angélique, n'en chantât aucune. La 5e strophe nous paraît assez bien convenir à Lucidor, et la 4e est bien d'un paysan. Mais la mention de « Mathuraine » nous fait sortir du groupe des personnages, et il est probable, comme c'est le cas dans la plupart des vaudevilles, que chacune des strophes ne s'applique pas précisément au rôle de celui qui la chante, mais prend un sens général, comme la moralité à la fin d'une fable. Nous avons donc fait comme Briasson et Desboulmiers. Le texte du divertissement n'est d'ailleurs pas de Marivaux, on ignore son auteur (qui n'est sans doute pas François-Charles Panard, dont nous avions avancé le nom dans *Pléiade*, t. 2, p. 1053, n. 2 de la p. 502), comme l'auteur de la musique.

3. *La* : La femme, « objet de vos amours ».

Page 102.

1. *Si l'amour trompe en ce moment* : Comprendre : « Si vous découvrez, au moment du mariage, qu'elle est bien fille et non pas veuve, ce sera une surprise agréable. »

2. *Himeur*, et non « humeur », que donnent les éditions modernes y compris *Pléiade*.

Préface d'Henri Coulet   7
Note sur cette édition   30

L'ÉPREUVE

Scène première	35
Scène II	41
Scène III	48
Scène IV	52
Scène V	55
Scène VI	58
Scène VII	60
Scène VIII	61
Scène IX	67
Scène X	68
Scène XI	69
Scène XII	70

Scène XIII	74
Scène XIV	78
Scène XV	80
Scène XVI	83
Scène XVII	86
Scène XVIII	89
Scène XIX	94
Scène XX	96
Scène XXI	97
Scène XXII et dernière	100
Divertissement	101

DOSSIER

Chronologie	105
L'Épreuve à la scène et devant la critique	113
Éléments de bibliographie	130
Notes	136

DU MÊME AUTEUR

Dans la même collection

LE JEU DE L'AMOUR ET DU HASARD. *Préface de Catherine Naugrette-Christophe. Édition établie et annotée par Jean-Paul Sermain.*

LE TRIOMPHE DE L'AMOUR. *Édition présentée et établie par Henri Coulet.*

LES FAUSSES CONFIDENCES. *Édition présentée et établie par Michel Gilot.*

LA DOUBLE INCONSTANCE. *Édition présentée et établie par Françoise Rubellin.*

Dans la collection Folio classique

LE PAYSAN PARVENU. *Édition présentée et établie par Henri Coulet.*

LA VIE DE MARIANNE. *Édition présentée et établie par Jean Dagen.*

L'ÎLE DES ESCLAVES. *Édition présentée et établie par Henri Coulet.*

Composition Interligne.
Impression Société Nouvelle Firmin-Didot
à Mesnil-sur-l'Estrée, le 23 septembre 2003.
Dépôt légal : septembre 2003.
Numéro d'imprimeur : 65386.
ISBN 2-07-041267-9/Imprimé en France.

94196